国际能源大视角丛书

# 能源价格风险管理

[美] 彼得 C.布泰尔 著

吕 鹏 李素真 译

石油工业出版社

**图书在版编目（CIP）数据**

能源价格风险管理/（美）布泰尔（Beutel，P. C.）著；吕鹏，李素真译．
北京：石油工业出版社，2008. 7
　　（国际能源大视角丛书）
书名原文：Surviving Energy Prices
ISBN 978－7－5021－6592－5

Ⅰ. 能…
Ⅱ. ①布…②吕…③李…
Ⅲ. 能源－价格－风险管理－研究
Ⅳ. F407. 205

中国版本图书馆 CIP 数据核字（2008）第 065816 号

著作权合同登记号图字：01－2006－6592

出版发行：石油工业出版社
　　　　　（北京安定门外安华里 2 区 1 号　　100011）
　　　　　网　址：www. petropub. com. cn
　　　　　发行部：(010) 64210392
经　　销：全国新华书店
印　　刷：石油工业出版社印刷厂

2008 年 7 月第 1 版　2008 年 7 月第 1 次印刷
787×960 毫米　开本：1/16　印张：9. 25
字数：124 千字

定价：28. 00 元
（如出现印装质量问题，我社发行部负责调换）

# 丛 书 序

　　能源是人类生存和社会发展的主要物质基础之一。煤炭、石油的开发和电力技术的发明应用，决定性地推动了工业社会和现代文明的形成与发展，使全球数十亿人经过短短 300 年的时间，就享受到了我们的祖先难以想象的幸福生活。但是，由于可供利用的煤炭、石油、天然气、铀等化石能源资源是有限的，而可再生能源在可预见的未来还难以成为主要能源，因此化石能源的开发使用已经成为国际经济、政治、外交乃至军事的焦点。

　　作为世界上最大的发展中国家，建国以来特别是改革开放以来，我国经济社会发展取得了举世瞩目的成就。进入 21 世纪，我国经济发展加速，工业化、城镇化步伐加快，能源消费随之迅猛增长。2007 年煤炭消费 25.8 亿吨，占全球 38％；石油消费 3.4 亿吨，占全球 6％。由于资源禀赋的影响，自 1993 年我国成为石油净进口国以来，进口比例不断提高，2007 年我国石油消费的 50％已经来自国际市场；一批大型进口液化天然气和管道天然气项目已经和正在建设。为了满足不断增长的石油和天然气需求，经过十几年来的艰苦努力，国内石油公司通过加大国内石油天然气勘探开发技术和资金投入，扩大海外油气田合作开发、积极发展国际油气贸易、与油气资源国合资建设大型炼油和石化项目等多种方式，拓宽了油气供应的渠道，取得了非常显著的成效。我国已经比较深入地介入了国际能源市场特别是石油市场。国际石油市场的变化已经成为我国经济决策的重要晴雨表，我国的石油生产与消费也开始成为国际石油市场天平上一个重要砝码。石油与政治、外交、社会发展的关系越来越密切。

　　2005 年 8 月中海油竞购尤尼克铩羽而归，解释国际石油价格高涨原因的"中国因素论"，解读中非深入合作的"谋求石油说"，都引发了我们对石油这一特殊资源特殊属性的重新思索；国际石油价格的跌宕变化，特别是最近一年来奇迹般地飙升，让全世界为之瞩目。石油，这一全球贸易额最大的商品，这一影响地缘政治、国际关系的敏感商品，这一时刻触动经济社会发展神经的一次性资源，从来没有像今天这样受到政治家、外交家、军事家、企业家、金融家和经济学家以及各类机构的关注。进入新世纪，石油带给了我们太多的课题。

对我们而言，有三件事情确定无疑，也必须坚定不移：第一，中国要发展，中国需要石油；第二，中国必须走科学发展、和谐发展、节约发展之路；第三，中国一定要融入世界、扩大合作，谋求与资源国互利双赢。这一切，都需要我们具有全球的视角。在这个充满变数的世界上，没有人能借给我们把国际石油市场"看得清清楚楚、明明白白、真真切切"的那双"慧眼"。这双至关重要的"慧眼"必须、也只能靠我们自己练就。

正是朝着这一目标，2006年底，我们开始策划编著出版《国际能源大视角丛书》，致力于研究解读国际能源市场的结构和主体，特别是石油输出国组织（OPEC）、国际能源署（IEA）、石油公司、石油交易所的历史演变、功能和机制，美国能源政策的架构和形成机制，同时翻译推介优秀的国外能源经济理论著作。

经过一年多的艰辛劳作，第一批六本译作已经完成。《国际石油政治》比较系统全面地介绍了国际石油基础知识、重大事件、重要角色和发展趋势；在《美国能源政策：历史、过程与博弈》一书中，前美国能源部助理副部长以亲身经历讲述了美国能源政策的历史、美国能源政策制定过程中各利益方错综复杂的博弈故事；《国际能源市场：价格、政策与利润》作为一本优秀的大学教科书，对能源价格形成的宏观和微观因素进行了静态和动态分析，并探讨了民族心理和文化等非经济技术因素对价格的影响；《美国的石油战争》从政治、经济、宗教、历史、地理等多个角度，分析了中东这一动荡地区的不安定因素以及能源问题对世界的影响；《能源价格风险管理》详解了期货、期权等金融工具对规避能源价格风险的作用机理，讨论了如何把握国际能源市场的脉搏；《油气资产购买和出售：成功运作策略》则详细阐述了石油资产买卖的程序，探讨了油气资产评估、谈判策略、时机把握等实务技巧。

目前，《OPEC：历史、功能与机制》、《IEA：历史、功能与机制》、《石油交易所》、《国际石油公司》、《能源经济学》（均为暂定名）等第二批书籍的编译工作正在紧张进行中，计划明年与读者见面。

在第一批丛书出版之际，我们要感谢为此付出辛勤劳动的中国石油大学（北京）、中国石油天然气股份有限公司石油化工研究院、石油工业出版社等单位的专家和老师们，感谢中国石油天然气集团公司有关领导的关心和支持。

我们深知，国际能源市场研究是一项复杂、艰巨的任务，而练就那双慧眼则需要更多的有识之士躬身其中。

我们期待着。

编委会主任：

二〇〇八年六月二十八日

# 译 者 的 话

进入 21 世纪以来，能源价格，特别是石油价格的波动愈发剧烈，并且其影响的范围也日益广泛。越来越多的企业开始意识到能源价格对于自己盈利状况的巨大影响，并急于寻找规避能源价格风险的方法。

在过去的一二十年中，已经有许多著名学者对可用于能源价格规避的各种金融工具进行研究，并出版了大量的专著。与那些偏于理论研究的著作不同，本书的作者曾经长期在著名的交易机构和经纪机构从事相关的实务工作，现在仍然工作在行业第一线，因此本书没有将重点放在各类金融工具的估值等方面，而是在简单介绍了各种避险工具以后，着重介绍它们在实务中的应用，对于公司避险工作的实际运行更有指导意义。特别值得一提的是，书中对实物油品计划（wet barrel program）以及价格封顶计划（capped - price program）等学术性著作中较少提及的避险工具进行了详细的介绍，并给出了在实际交易中的具体操作方法，相信对我国的企业有着重要参考意义。

本书的目的是介绍原油、天然气和提炼后的石油产品的风险的对冲方法，具体内容可分为三大部分。首先，作者在简要描述了石油市场发展以后，提出目前相关公司面临的 4 种风险：价格风险或方向风险、基差风险、供货风险和需求量风险。其次，在本书的第二部分，作者针对这些风险给出了相应的避险工具，包括期货、期权、实物油品计划、固定价格计划和封顶价格计划等。不仅用案例的形式对各种工具的实际使用方法进行了深入的介绍，还分析了它们之间的区别以及最佳使用场合。总体而言，这部分内容涉及的是纯粹的对冲避险。最后，书中的第三部分则给出了利用基本面分析、技术面分析、市场趋势以及市场情绪进行投机获利的手段。利用油价的季节性趋势来规划一年的交易与对冲策略是这部分内容的一个亮点。

由于本书的写作目的是为了帮助刚开始进入这个领域的新手，因此书中的内容可谓言简意赅。本书适合所有需要应对石油产品价格波动的公司管理人员阅读，对于那些需要应对其他能源或原材料价格波动的公司管理层，本书也不失为一本有趣的参考书。

由于译者水平有限，翻译过程中难免有不当之处，敬请广大读者批评指正。

# 前　言

　　能源价格一直在上下波动，而且时常大起大落。在我完成本书之时，汽油和原油价格再创历史新高。确实，这主要是世界经济持续增长所造成的，但是终有一天，经济的持续增长会推动能源价格涨到某个过高的价格，从而阻碍经济的进一步增长，进而无法支撑能源价格。20 世纪 70 年代以来，能源价格一直对美国经济有着非常直接的影响。可以预期，这种影响至少在一定程度上还会长期存在。

　　新一代的商务人士已经惊恐地意识到能源价格的波动对其公司净利润的重大影响。即使他们不打算对价格风险进行对冲，也需要关注到底哪些因素会影响到公司的净利润。写作本书的目的就是为他们提供帮助。

　　我的公司，卡麦隆汉诺威（Cameron Hanover）公司，一直在出版关于能源市场状况的每日报告。如有意了解更多，可以直接拨打电话（203）801 - 0771，或者访问我们的网站：www. cameronhanover. com。

# 声　明


　　尽管本书讨论了期货、期权、封顶以及互换等金融工具的应用，但这并不构成买卖这些或者其他金融工具的建议。这些工具蕴含着相当大的金融风险，因此在使用它们时必须倍加小心，并且应置于受过良好训练的专业人士的监管之下。作者和出版社均不对使用这些金融工具所导致的损失负任何责任。本书中所有信息都是可信的，但作者和出版社并不对信息的准确性提供担保。最新出现的，以及潜在的、更优越的金融工具可能会导致我们重新评价本书的最新版本中提出的对策的有效性。

# 致　　谢

特别感谢 Grant M. Holroyd 为编辑本书所做的大量繁杂工作。
衷心感谢我的父母，我爱他们。

# 目　　录

# 绪　论

在新千年开始之际，对于石油以及石油交易的历史进行回顾有着重要意义。大约 150 年前，石油是一种替代能源，就像现在的风能和太阳能一样。那时候，人们使用煤炭取暖，用鲸油照明。人人都知道地底下藏有这种可燃烧的油，古希腊人很早就给它起了正式的名称：石油，或者称其为"石头中的油"，但几乎没人使用石油，因此没有足够的经济利益驱动人们开发石油。直到鲸油的价格高涨从而刺激了对新型燃料油的探索后，将石油从地底下开采出来才具有经济上的可行性。

市场压力导致了突然的变化。在美国内战爆发的前几年，对鲸的过度捕杀使其处于灭绝的边缘，已经很难捕到鲸了。捕鲸者起初认为是年景不好，但一年接一年的坏年景使人们意识到鲸并不是一种可再生的资源，原先的设想是错误的。随着鲸油的日益稀缺，价格也在迅速走高。当价格足够高，以至利用原油已经具有了经济上的可行性时，一个新的行业产生了，并出现了一批新的企业家。

在这些企业家中，最杰出的是约翰 . D. 洛克菲勒——堪比当今的比尔·盖茨。他发现了石油可以有效并且便宜地取代其他燃料，并且看到了美国这个正在飞速成长的工业化国家对于能源的渴求。他在这个新的领域内建立了自己的公司，承诺提供质量稳定的具有标准等级的煤油，因此将公司命名为标准石油公司。

煤油是一种重要的自原油提炼出的产品。煤油的性质与航空燃料油类似，可以用于照明，也可以用于取暖。煤油也可以掺入取暖油和柴油中，降低它们的倾点。

对石油的需求量随着一次次的技术创新在逐渐增长。汽车的发明导致对原油类燃料需求的爆炸性增长。亨利·福特将标准石油公司的标准化思想运用到汽车生产过程中，利用流水线生产汽车从而达到将汽车标准化的目的。这种做法大幅降低了制造成本和产品价格，从而使得普通大众可以买得起。降价能够增加需求，这对于石油行业和汽车行业都是非常正确而有效的。

即使是约翰. D. 洛克菲勒和亨利·福特也没有预料到美国人对于汽车的热爱程度。亨利·福特有个梦想：每个工人都能买得起一辆自己的汽车。这个梦想在他的有生之年就已经实现了，而且这种想法已经深深地浸入了美国社会。每个人都渴望拥有自己的汽车，因此对汽油的需求以指数速度持续增长，直到今天依然如此。

对石油的需求不仅源于汽车，人们发明的其他需要动力驱动的机械工具也要求将原油精炼为特定类型的燃料。

约翰. D. 洛克菲勒的标准石油公司成为了第一位原油价格的操控者。1890 年，美国已经有了一个很活跃的原油期货市场，但洛克菲勒在市场上以每桶❶ 50 美分的价格无限量地进行双向报价，最终消除了所有的投机性交易。通过以相同的价格在期货市场上同时充当卖方和买方，他成功地消除了原油价格的波动，从而将投机者驱逐走，削弱了市场的流动性。实际上，他本身就成为了市场。直到 20 世纪 70 年代，原油期货市场才又一次出现了大量的积极主动的交易，并且成为一种重要的原油交易方式。

正如比尔·盖茨从微软拆分案中体会到的一样，美国政府对于拥有太强大市场控制力的企业总是心存警惕的。1911 年，美国政府将标准石油公司拆分为多个互相竞争的公司。在"七姐妹"联盟形成以前，得克萨斯州铁路委员会成为石油价格的操控者。"七姐妹"主要由包括标准石油公司拆分后的公司与其他几个大型跨国石油公司组成。他们

---

❶  1 桶（1bbl）= 0.1156m³。

维持石油的低价与高需求，共同管理着整个石油帝国。此时的石油价格何止是稳定，简直就是稳若磐石。

第二次世界大战之后，许多产油国获得独立后，对于"七姐妹"控制石油价格的行为越来越不满。这些国家在 20 世纪 60 年代组建了一个卡特尔，即欧佩克（石油输出国组织）。到了 20 世纪 70 年代，这个组织就拥有了强有力的政治影响力。1973 年的中东战争之后，阿拉伯产油国为了惩罚以色列的盟国——美国，联合起来实行了石油禁运，这就是美国经历的第一次石油危机。

第二次石油危机则发生在 1979 年，当时伊朗宗教民族主义者趁巴列维国王在美就医期间推翻了他的统治。为了将国王引渡回国受审，伊朗人扣押了一些美国人质，试图用来交换国王，并且拒绝向美国出售石油。

在第二次石油危机期间，美国人在加油站排起了长龙，经历了一次政治性的能源危机。这次能源危机阻碍了经济的增长，引发了经济滞胀现象。石油危机对燃料市场的影响类似于 120 年前的那次鲸油短缺，当时燃料价格猛涨并因此铺平了利用原油的道路。这次的能源价格波动使人们认识到了原油储备的重要性，并开始寻找替代能源。

最终，高油价导致的需求降低和新的替代能源的生产使得油价在 20 世纪 80 年代崩溃，欧佩克为自己的高油价政策付出了巨大的代价。数年之后，需求和价格才从 20 世纪 70 年代的冲击中恢复正常。

与 20 世纪 70 年代的石油危机结伴出现的一个重要变化是原油期货市场上重新出现了积极的交易行为。1978 年，纽约商品交易所（NYMEX）引入了取暖油期货，在 20 世纪 80 年代，它陆续增加了原油期货和天然气期货交易。期货并不会创造波动，但它们确实也不会消除波动。

对于大多数的石油消费者来说，尾随 20 世纪 70 年代的两次石油危机而来的价格波动成了他们痛苦的源泉。市政当局、民用取暖油销售商、柴油销售商、铁路公司、航空公司、卡车运输公司、工厂、汽

油和柴油营销商、炼油者以及生产商等都感受到了价格波动的影响。这就好像在前廊突然出现了一个绿色的妖怪，正在从前门向外吸钱。在某些时候，它也会带来鲜花，并飞快地吐出一些钱，但问题是你无法预测它在某一天的行为，甚至有时在一天内的行为也是变化无常。

当然，实际并不存在什么妖怪，但这确实是许多经销商和终端消费者在试图应对价格波动时的感受。石油价格的不可预测性就像是一个真空吸管，它的吸口直接联在了这些公司的银行账户上。

大多数公司不知道该如何应付每天都在迅速变化的价格，而且他们的客户也被搞糊涂了，并因此而感到愤怒。客户们在加油机旁和账单上都发现价格时涨时跌，他们对于主要燃料的价格稳定性不再抱有信心。

消费者转向了天然气或者从那些只拥有几辆卡车和一部电话的小型现货供应商处购买原油。没有什么手段可以抵御过高的汽油价格的风险。寒冷的冬天不再仅仅会带来良好的滑雪条件，而且有可能损害一个公司或者一个家庭的财务预算。在油价高企之时，那些出售或使用燃料并且试图消化高成本的公司将会发现它们的利润率迅速下降。

消费者与供应商并不是唯一的受害者。使用柴油的公司（铁路公司、卡车运输公司），以及使用航空燃料的公司（例如航空公司）都需要大量的燃料，而且这些燃料的价格是在做预算时无法可靠地预测的，因此它们也深受其害。超出预期的高额燃料成本会将公司从盈利拖到亏损的境地。在某一年，原油价格的波动也许意味着发给董事们的游艇以及员工们的圣诞节红包，但在另一年，价格波动也许会导致裁员以及采取成本消减措施以维持公司的生存。很明显，能源成本必须得到控制。

在过去的 20 年中，剧烈波动的石油价格已经迫使每一个买油、卖油和用油的都重新思考自己的商业模式。1990 年，萨达姆·侯赛因入侵科威特导致市场上每天的供应量减少了 $5 \times 10^6$ bbl。5 个月内，石油价格增长了两倍，并最终导致了西方国家的经济衰退。1990—1991 年

的高油价降低了对石油的需求量并促进了新的勘探开发活动，这些都有助于降低石油价格并为 20 世纪 90 年代中后期西方国家超常的经济增长打下了基础。

21 世纪的世界已经从工业时代迈入了信息时代，但是，对于石油的作用不再予以重视将是一个错误。只要人类还存在，他们就必然会为食物和燃料这两种生存必需品奋斗。文明社会的技术进步确实已经改变了获取生存必需品的过程，但对它们的需求依然如故。人类的每一项活动都离不开能源，而且新一代的公司将会逐渐发现能源价格对于他们的经营活动的重要性。

在 20 世纪末期，许多人认为能源不再是经济活动的中心驱动力。美国股市出现了有史以来最繁荣的景象，当人们对此习以为常时，没有人发现这种繁荣正在慢慢结束。

在繁荣经济肌体之中有一个隐患——原油价格跌破了 30 美元，并且长期维持不变。美国经济从来没有在原油价格高企的时期增长过，这个真理在 21 世纪初期又一次得到了验证。高昂的能源价格阻碍、延迟，抵消了其他部门经济增长的收益。在过去的 30 年间，每次原油价格超过 30 美元，在 12 至 18 个月后必然会出现经济衰退，或者通货膨胀，或者二者同时发生。在将本书的终稿送到出版社之时，油价又超过了 30 美元，相信这个规律将在 2004 年或稍后时间再次出现。

本书的目的是介绍原油、天然气和石油炼制产品的价格风险的对冲方法。特别是，本书注重介绍在原油、取暖用油、柴油、汽油、天然气等能源价格不利于公司时，能够保护公司利益的工具，同时还介绍了使用这些工具对公司运营产生的影响。本书详细介绍的避险工具包括期货、期权、实物油品计划，还简单提到了互换工具，详细讨论了卖方和买方利用这些工具获利的方法。本书揭示了保证金、商品价格的技术分析方法，并且指出了能够影响商品期货价格的基本面因素。书中讨论了利用仓储来降低成本的方法，并且提到了为了防止客户流失而提供给客户的固定价格计划和价格封顶计划。本书还对不同地域的基差风险提出

了警告。

　　世界一直在变化，唯一不变的就是变化本身。写作本书的目的就是希望帮助读者跟上能源行业变化的节奏。油价的季节性趋势能够帮助制定一年的交易与对冲策略。为了帮助刚开始进入这个领域的新手，书中的内容尽量简单。尽管如此，老练的交易员也能够在本书中发现一些黄金。本书包含了交易与对冲的方方面面，希望能够为读者澄清现在能源行业中的真相。现在到了认真考虑实质问题的时候了，准确地说，是该考虑如何收获财富的时候了。

# 第一部分　问题

在 20 世纪的大部分时间里，石油价格都非常稳定。人们不需要采取套期保值的措施，因为那时的价格风险极低。然而 20 世纪 70 年代政治和金融界的动荡完全改变了石油业的状况。石油行业的商人被逼无奈，只好尝试各种不同的方法应付出现的新形势。

随着新世纪的到来，能源价格的变化更加剧烈。1998 年 12 月，石油价格略高于每桶 10 美元。到了 2004 年 5 月，价格就超过了每桶 42 美元。能源价格的变化直接给能源供应商和使用者都带来了一系列新问题。

值得庆幸的是，我们可以通过不同的途径应付价格的变化。接下来的几章将阐述我们在长达 25 年之多的实践活动中总结出的各种方法。

# 1　新波动时代

直到 1973—1974 年间，石油价格都很平稳。在一年里，民用取暖油、柴油或汽油的价格波动超过每加仑 1～2 美分的情况都极为罕见。然而，随着 1974 年阿拉伯石油禁运的到来，一切都改变了，石油价格开始动荡，再也没有平稳过。

随着在 1979—1980 年间的第二次石油危机的发生，石油价格在很短的时间里升高了 3 倍。随后出现了自然资源保护运动，世界经济就此步入了衰退期，这些现象的主要起因都是高涨的石油价格。在下一阶段，事情向相反的方向发展。1979 年间飙升的油价以及由此导致的经济衰退和自然资源保护运动都促成了石油价格的下跌。到 1986 年 4 月 1 日，尽管欧佩克竭力支撑，石油价格还是降到了原来的 1/4。西半球原油的基准，西得克萨斯州轻质原油的价格从每桶 39.8 美元跌至 9.75 美元。

当今世界原油的价格主要使用了 3 种基准，西方国家以西得克萨斯州轻质原油为基准，这是一种轻质不含硫原油。其他油品的报价则是在此基础上折价或溢价。

在远东地区，迪拜原油是石油价格的标准，而欧洲则以布伦特原油为标准。

这是原油价格波动的第一个完整周期，民用取暖油的价格从 1980 年的每加仑 1.05 美元跌到 1986 年初的 0.3000 美元。其后，价格继续波动。1989 年夏天，民用取暖油价格的最低点是每加仑 0.44440 美元，到了当年的 12 月（20 世纪最冷的 12 月），价格升到了 1.10 美元

左右。1990 年 6 月，民用取暖油的价格又跌了每加仑 0.4720 美元，原油的价格也降到了每桶 15.06 美元。

此后不久，1990 年 8 月 2 日，萨达姆·侯赛因入侵科威特，截至同年 10 月，取暖油的价格涨到了每加仑 1.0850 美元。纽约商品交易所的原油价格上涨到了每桶 41.15 美元。油价波动达到了一个新阶段，油价的上涨趋势也明确地预示着在未来的 6 个月甚至不到 6 个月的时间里，价格将会上涨到当初价格的 2 倍。

这种盛衰周期最近又在美国上演。1998 年 12 月原油价格降到每桶不足 11 美元。2003 年 2 月底，原油价格猛涨到每桶 39.99 美元。由于天气寒冷，以及人们对于战争的恐慌（准备对伊拉克发动战争），民用取暖油也在 2003 年冬季达到了每加仑 1.31 美元的新高。

由于多种重要事件的综合作用，油价在 2004 年达到了历史最高点。委内瑞拉爆发了大规模罢工，沙特阿拉伯和伊拉克出现了破坏和恐怖活动，尼日利亚也是麻烦不断。加之美国、印度和中国对石油需求的不断增加，所有上述各种因素使原油价格不断上涨。美国的产业界和消费者则必须为此支付更高费用。因为供暖成本上涨，这个冬天人们一直怨声载道。本来标志着经济普遍好转的万亿美元现在都花费在汽油、柴油、航空燃料和民用燃料上了。产业界和消费者在能源价格不断上涨的情况下，艰难地熬过了这个冬天。尽管还要计算经济成本，但有一点很明确，那就是价格仍在持续波动。

回顾以前的石油价格可以正确地理解当前的情况。在 20 世纪 80 年代中期，石油价格比较合理，许多消费者不能理解石油价格为何上涨，他们总认为这是一个大阴谋，而且消费者错误地认为汽油零售商、民用取暖油销售商、铁路公司、航空公司、货车运输公司及其他分销商和用户都参与了这个阴谋。其实这里提到的所有参与者的能源成本都增加了。

在消费者看来，天气转冷，或者萨达姆·侯赛因入侵一个远离美国的国家，都不是石油价格上涨过高的借口。民用取暖油销售商应该

能够在不索要高价的情况下为家庭供暖。炼油厂把从地下采出的原油加工成汽油，不应该过重增加消费者的负担。有些消费者群体担心大型的石油公司和油料零售商、批发商狼狈为奸，榨取消费者的钱财。

情况并非如此，由于油料价格可能出现的剧烈波动，对消费者来说，重要的是他们对问题的预期而不是实际情况。在 1989—1991 年间的几个冬天都出现了油价大幅度上涨的情况，这已经是大多数消费者所能承受的最大极限。由于油价上涨，民用取暖油的销售商需要提高价格，却因此失去了顾客，降低了利润。人们认为与石油供应有关的每个人都发了财，付出的代价则是伤害了消费者，并且最终毁坏了供应商多年树立起来的良好信誉。

很显然，这对汽油零售商、民用取暖油销售商、货运公司都没有好处。他们被夹在石油生产商和消费者之间，两头受气。没有人预料到这一年的冬天和 1989 年冬天一样寒冷，而且石油交易员们担心萨达姆·侯赛因会入侵沙特阿拉伯，因此油价继续上涨。虽然这些利空兑现后，油价很快回落，但是已经造成了不良后果。原来使用取暖油的消费者开始使用天然气取暖，或者货比三家，选择购买最廉价的取暖油。他们可能已经忘记了常来送油的司机的名字，似乎再也没有必要记住。同样，消费者对那些因为能源成本提高而不得不提高产品售价的公司也有不满情绪。消费者对于石油供应链中的每个环节都失去了信任。

在 20 世纪 90 年代的大部分时间里，油价相对平稳，处于较低的价位。到了 1998 年，由于对自然资源采取了数年的保护措施，人们改变了使用的燃料的种类，这些因素都使供需状况发生了巨大变化。欧佩克只好多次削减石油产量以防止价格暴跌，但没有取得成效。截止到 1998 年 12 月，纽约商品交易所的轻质原油价格已经跌至每桶 10.35 美元，尽管已经经历了几年相对温和的通货膨胀，这个价格也低于它的实际价值。

家庭取暖用油和柴油的区别在于硫含量和十六烷含量的不同。石

油馏出物（包括取暖油和柴油）中含有十六烷，而汽油中或多或少含有辛烷。取暖用油的含硫量为 0.2％，因此又被称为 2 号油，而柴油的硫含量只有 0.05％。取暖油的十六烷值为 40，柴油的十六烷值为 45。这两种产品的规格非常相近，可以通过油品调和把一种油品变成另一种油品。

因为石油价格过低，并且天然气的价格和电费较为低廉，美国和加拿大大幅度消减勘探和钻井费用，没有更多的经费用于进一步开发产生能量的燃料和技术。同时，运动型多功能车在机动车中占有很大的比例。因为美国的消费者多年来一直享受真正最低成本的汽油，他们又重新青睐大型的低效机动车。因此，从 1999—2000 年，低价的能源成为经济增长的基础。

以前也出现过这种情况，能源的真正成本过低反而会造成浪费。需求是稳步增长的，但是市场还来不及补充新的产能。从勘探到开采出原油或天然气需要一段时间。因为 1998—1999 年油价过低，石油开发经费已经被大幅度削减，新的油品供应无法满足人们旺盛的需求。

20 世纪末每桶石油已经达到了 30 美元左右，油价在大约 1 年的时间里上涨了两倍，而且还在继续攀升。石油公司纷纷加大开发力度，但是漫长的开发周期使他们少挣了很多钱。到 2000 年秋天，每桶原油价格已升至 35 美元以上，而且呈现出继续上涨的趋势。在离全国大选不到 7 周的时间，克林顿总统于 2000 年 9 月 22 日决定动用战略石油储备，抑制油价。

战略石油储备的释放刺破了投机泡沫，但是这并不能在冬天到来之前为市场提供更多急需的取暖油。现在原油是否充足不再是问题了，而炼油能力却明显滞后。每桶原油价格降低了 6～7 美元，最后停在了每桶 30 多美元的价位。

此后，价格的波动形势日趋恶化。2002 年 2 月，原油价格猛跌到每桶不足 17 美元。但是，到了同年秋天，油价又反弹到每桶 30 美元

以上。2003年初，委内瑞拉发生了大罢工，人们担心会发生第二次美伊战争，这些因素把石油价格推到了12年以来的最高价位。全国经济普遍受到了高成本能源的打击。股票市场大跌，消费者信心不足，这一年的12月的零售形式是30年来最糟糕的。

造成这些经济后果的主要原因是能源成本的提高。实际上，与2002年2月相比，美国消费者在2003年1月份每天要多支付大约3亿美元用于购买石油。到了2003年冬天末期，由于本国石油库存量较少，又有欧佩克成员国石油减产，每桶石油的价格超过了36美元，尽管此时经济已经开始出现了复苏的迹象。

油价高涨使得已经编制好工作预算的最终用户蒙受了损失。他们的预算中已经明确了使用的燃料及其数量。但是由于油价暴涨，这些预算只好作废。那些倒霉的油料销售经理也不断受到人们的种种责难，实际上有的问题他们无法控制。这个过程伤害了设法对燃料的使用提前编制计划的公司、消费者和地方政府。

公司和地方政府都面临着一个棘手的问题：要把高成本转嫁给消费者和纳税人，还是自己消化吸收。有时，因为价格波动失去消费者或者和选民作对不值得。有的机构自身吸收了部分上涨的成本以保持良好的信誉。但是，这种做法对于经营企业或管理城镇显然并不明智。公司的盈利能力和政府机构的执政水平不能由市场价格的变化所控制。

值得庆幸的是，对付价格变动还有更好的方法。这些方法将在下面的章节里加以详细阐述。当今世界价格波动尤为剧烈，不对燃料价格进行套期保值是很危险的。

# 2　了解套期保值

谈到对能源行业进行套期保值，总会有人认为这纯粹是在浪费时间。有人说："我损失了 10 万美元，本来我可以带这些钱到拉斯维加斯好好玩一把。"有人会抱怨："我的经纪人劝我投机买入猪胸肉。"也有人会谈到，她以前做过的套期保值使她错过了赚大钱的机会。有些公司负责人把套期保值和投机混为一谈，认为从事套期保值行业的人都是用花言巧语骗人的纽约佬，他们身穿条纹西服，吊着红色背带，脚穿白皮鞋。

市场上既有从事套期保值的人，也有投机者。有些公司本身的特点决定了它们会受到市场波动的直接影响，这样的公司可以使用套期保值的方法。在 1989—1991 年冬天，甚至 2002—2003 年冬天，那些未做套期保值的石油销售商被迫按照成本价出售石油。这件事已经成为人们日后谈话的话柄。他们也不愿意像有些销售商那样，拥有 $200 \times 10^4$ bbl 取暖油，因为未做套期保值，结果每加仑损失了 10 美分。

因为天气异常或者某个地区的炼油问题，不同地区的石油差价会非常大。这些差价通常能够反映需求时间、产品的需求急切程度、地理位置以及在纽约港以外的具体需求地点等多种因素的综合作用。

如果做法正确，套期保值和投机是有着本质区别的。在当今市场上，持有未做套期保值的任何能源产品实际上就是一种投机行为。持有未做套期保值的存货的保守商人承担的风险和过激的投机者并没什么区别。两者承担的风险和暴露的头寸实际上是相同的。有的读者会

纳闷为什么期货或期权本身变成了投机。这并不难理解。

期货价格和现货价格的变动是一致的。库存的柴油、汽油或者航空用油的现货价格是随着期货价格的变化而上下波动的。原油、其他任何石油炼制产品或天然气也是这种情况。在 20 世纪 80 年代，现货价格和期货非常接近，基本无法区分开来。现在，大多数现货价格等于在期货价格的基础上增加一个差价。如果期货价格上涨 1 角，那么在纽约港、俄克拉荷马州的库欣、或者路易斯安那州的亨利港的现货价格也会上涨 1 角左右，比如 9 美分或者 11 美分。不管怎样，现货价格的变化肯定和期货价格的变化方向一致，二者保持一个差价。

对于等待购买取暖油的销售商和购买柴油的铁路部门而言，如果每加仑油品的期货价格上涨 10 美分，那么购买者每加仑须再多支付 3 美分的提现溢价。经常会出现很高的提现溢价，但是这种溢价出现的前提是基准期货价格的变动。提现溢价将在后面的章节中进行更详尽的阐述。总之，购买产品迫切程度各不相同，有时需要立即买入某种产品，有时则可以在近期按照一定的时间表购买产品。但是不管怎样，所有相关的市场价格都会沿着某个方向出现波动。

等待购买商品的过程中，未来的买方实际上是在卖空产品。他们推测价格会下跌，将来可以买到更加便宜的燃料。从这种意义上来说，他们是在赌博，而赌注就是消费者的信任或者公司的利润率。如果价格上涨，其损失也是来自公司或者消费者的腰包。

有些人在 1990 年拖到 10 月份才购买冬天的取暖油，他们为此付出了巨大代价才领悟到了这一点。如果 7 月买取暖油，每加仑只要付出不到 0.50 美元，而在 10 月份购买每加仑则需要付出 1 美元多。总得有人支付其中的差价，或者消费者最后以每加仑 1.50 美元的价格购买取暖油，他们发誓来年要改用天然气，或者销售商以成本价出售取暖油。无论如何，生意上都会蒙受损失。

市政当局也处于同样的境地。他们没有对 2002—2003 年冬天的取

暖油采取套期保值手段。整个夏天，天然气的价格低于 3 美元/MMB-tu[❶]。到了冬天，天然气价格超过了 5 美元/MMBtu。截止到 2003 年初，许多市政当局发现收到的税款减少了。能源价格的上涨和用于购买油料的资金太少使得全国上下的市镇痛苦不堪。

有效的套期保值只不过是锁定经营利润，做套期保值的人愿意放弃价格降低可能带来的意外利润，但是要确保自己在市场价格上涨时，利润不会降低或者不需要被迫提高价格。其目的不是为了赚取投机利润，而是为了保护经营利润，年年如此。对于没有进行套期保值的企业而言，1991—1993 年的两个冬季蒙受的损失，可能在以后的几个冬季得到弥补，但这并不是明智的经营做法。尽管这里是以取暖油和天然气为例，但是其中的理论和原则适用于所有的能源产品。

银行也认为对于库存产品不做套期保值并不是经营企业的好方法。实际上，银行欢迎取暖油销售商或燃料油采购经理使用套期保值的方法。当银行给公司发放贷款时，最关心的就是公司能否用经营利润偿付利息与本金。银行也不希望突然接到企业的电话，说因为原材料的价格上涨造成了现金短缺。银行希望预先了解所购买燃料的成本价格走势。银行不喜欢意料之外的消息，而套期保值就能消除各种意外。

银行的职责不是给投机者提供资金，因此，政府必须为石油开发或者打出干井的投资提供减税的优惠政策。银行不希望自己的钱变成了俄克拉荷马的一口干井。对于其他任何行业，银行也是同样的做法。银行愿意借钱给稳定的公司，因为他们相信能够从这样的公司那里可靠地获得利润。必须记住，公司看重的是利润，而银行考虑的则是还款能力。

套期保值能保证公司财务状况的稳定性，而财务状况是公司能否从银行申请到贷款的决定性因素。无论通过以下哪种方法实行套期保值总是正确的：期货或者期权，与供应商之间的实物石油交易，或者与金融机构的互换安排。借款方实施套期保值是一种金融意识强烈的

---

❶  1Btu = 1055.07J。

迹象，它向银行表明自己理解企业风险。既然银行是所有企业的重要合作伙伴，因此与银行保持良好的合作关系是基本出发点。对于小规模的公司或者依靠银行获得营运资本的企业来说，能够懂得这一点更加关键。

许多公司把供应商当作自己的事实上的银行，这些公司如果在规定的 10 天内付款，就能获得 1⅝～2% 的折扣，但他们不会在规定的期限内付款，而是用足 30 天的账期。尽管降低了利润，却可以巧妙地占用资产用于自身的发展。商品供应方不愿意因此而贷款，只是对由此带来的不便收取费用。

在纽约大都会区，包括新泽西州北部、纽约州南部及康涅狄格州的大部分地区，每户普通家庭在每年的取暖季使用 1000gal❶ 取暖油。宾夕法尼亚州西部、纽约北部以及新英格兰的其他地区会消费更多的取暖油，新泽西州南部的用油量则相对较少。

## 套期保值的例子

下面讲到的这个实例可以说明使用套期保值对冲价格的不利波动造成的风险。Fuelco 公司是一家取暖油批发公司，把 42000gal 家用取暖油提前出售给了 42 户家庭，Fuelco 公司已经统一把售价定在 99.9 美分/gal，这样公司能够赚取 40 美分的利润，这意味着 Fuelco 公司为冬季购买的取暖油价格不能超过 59.90 美分/gal。用这种做法，其进货净价不能超过 59.9 美元/gal。否则公司会失去顾客或者承担损失，也有可能二者兼而有之。

Fuelo 公司可以通过几种不同的方法达到这个目标，例如：期货、期权、实物石油计划、互换计划或者动用本公司的存货。上述各种方

---

❶　1gal = 4.55L。

法会在本书后面的章节中详细阐述，但是目前的现实是 Fuelco 公司需要运用其中的一种或多种方法。在冬季，取暖油的价格可能上涨，为了使自己和客户避开风险，Fuelco 公司必须这样做。

如果油价真的升高了，而 Fuelco 公司没有采取任何措施使公司避险，那它最后只能赚取较少的利润。反之，如果油价下降了，而 Fuelco 公司没有使用任何避险方法，其利润会增加。很多销售商都会陷入这个圈套。如果某年的冬季油价下降了，许多销售商会认为最好不要做套期保值。在事后诸葛亮的眼中，有时情况确实如此。不过还可以找到两全其美的办法。根据以往冬季的用油情况推测未来的冬季是一种危险的做法。在后面的章节中将解释如何通过期权或实物石油价格封顶计划来同时保护价格上涨带来的风险，同时保留价格下降时获利的潜力。

假设 Fuelco 公司对价格下降的可能性不感兴趣，它只关心每加仑能赚取的 40 美分利润。要确保 Fuelco 公司能够实现其预期的利润，就需要应付面临的两种风险。

第一种是简单的价格波动风险，或者称为方向性风险，遇到这种风险，Fuelco公司需要保护自己，防止价格上涨。第二种风险是基差风险。

方向性风险是一种常见的普通风险，即在需要产品时，其价格升高。对取暖油销售商而言，这种风险和冬季的到来有着最为密切的联系，因为在冬季，气候寒冷，人们对取暖油的需求增加。如果冬季气温不太低或者气候比较温和，那么取暖油的价格有时会下跌。但是，有的冬季，特别是出现气候异常寒冷的情况时，油价会骤然猛涨。政治上的原因也能使油价急剧上升。避开方向性风险是一种很普通的避险类型，就是要避开突如其来的价格攀升的各种情况。

基差风险是在基准区域价格（石油产品常用纽约港或纽约商品交易所的价格）和本地装车价格之间的差额。如果 Fuelco 公司经常使用的装车台距纽约港很近，那么两地间的基差就不可能太大。Fuelco 公

司的定价经常高出纽约港或纽约商品交易所的价位 1.50～3.00 美元/gal。在春夏秋三季，情况不会有很大变化。也许如果现货非常充足，Fuelco 公司实际支付的价位会比纽约商品交易所的期货价格更低。

装车台（rack）是将取暖油或者柴油装入油罐车的机械装置。这些油罐车将会把油料送到消费者家中或者销售柴油的加油站。

同样，如果出现商品供不应求、特别紧俏的情况，Fuelco 公司就需要以更高的价格购买。1989 年 10 月，纽约港取暖油的提货溢价达到了 20 美分/gal，高于纽约商品交易所的提货溢价。截止到 2000 年 1 月份，可以马上提货的油品的每加仑售价已经高出纽约商品交易所 1 美元。

批发商常会在装车时向其销售商收取附加装车费。在每年比较暖和的 6 到 8 个月的时间里，如果扣除附加装车费，装车价与期货价格之间的基差通常不会太多。一般说来，附加装车费为每加仑 3 美分。在 2000 年 1 月，油料供应紧张，相对于纽约商品交易所的基差高达 1 美元/gal。

Fuelco 公司的经营模式：

（1）按照装车价购买取暖油（比纽约商品交易所的价格高出 3 美分/gal），希望获得 40 美分/gal 的利润。

（2）纽约商品交易所的价格 + 附加装车费 + 基差 = Fuelco 公司的成本价。

（3）Fuelco 公司在成本价的基础上增加 40 美分的利润就是它出售给消费者的价格：

$$56.9 + 3.00 + 0.00 + 40.00 \text{ 美分} = 99.90 \text{ 美分}$$

Fuelco 公司的经营风险：

（1）纽约商品交易所的价格 + 附加装车费 + 基差 + 40 美分。

（2）批发商收取的 3 美分/gal 附加装车费和 Fuelco 公司 40 美分/

gal 的利润都是固定的。

（3）纽约商品交易所的取暖油交易价格就是 Fuelco 公司经营预算中需要控制的风险点。

这并不表示基差是一种可以忽略不计的风险。不能忽略基差，尽管每 3 年左右它才表现为一个重要问题。就像对房屋投保火险一样，并不是必须要做基差保护，然而一旦需要，就是极度需要。

可以说明这个道理的一个经典案例发生在 1989 年 12 月。因为前一年的冬天并不冷，取暖用油的销售商在享用 1989 年的感恩节大餐时还没有意识到当年有必要进行基差保护。在 2000 年 1 月基差暴涨之前，他们仍然没有意识到这一点。就像没有人知道芝加哥大火灾即将来临，等到知道时一切都太迟了。由于没有人能提前预料到这种情况，因此每年采取合适的方法来避开这种风险是明智之举。

1989 年 12 月是整个 20 世纪最冷的一个月份。东部沿海地区对取暖油的需求突然猛增，而且在东北部各州的终端销售点还出现了哄抢取暖油的情况。基差持续扩大，到了无法控制的程度。装车价格的最高价位曾经比纽约商品交易所的期货价格整整高出了 18 美分/gal。这时人们突然发现，传统的套期保值方法有诸多不足之处。持有期货或者期权的人企图弄到实物原油来加满客户空空的油箱。纸货工具也不能应付额外的基差风险，结果是销售商自掏腰包支付其中的差价。从这种混乱局面中得出的一条有价值的经验教训就是，仅仅依靠期货或者期权并不能使消费者得到取暖油。

铁路公司每年冬天面临的一个大问题就是对煤油的潜在需求，他们在冬天需要使用煤油溶解柴油以开动机车。如果气温降到一定程度，就必须把煤油加入柴油中，以确保柴油的倾点，这是保持柴油流动性的一个温度。如果气温过低，火车司机需要加大量的煤油才能保证机车的正常运转。忽视了这一需求的铁路公司，特别是在美国北部平原、五大湖地区和东北部的公司，都不得不用高昂的价格购买煤油。

煤油的定价是以馏分油的基本价格为基础的，在非常寒冷的月份，

现货价格也会出现远远高于期货价格的情况。其实，在特别寒冷的冬季，并不止是取暖油的销售商或最终用户需要做套期保值避开涨价风险。美国北部的柴油用户也应该意识到，在严冬季节，他们需要大量的煤油。他们可以预先和供应商签订合同以保证自己的实物油品需求。他们也可以采取套期保值的方法对冲煤油的现货价格突然波动带来的风险，并从中受益。

实物油品（wet barrels）是现实中实际存在的为家庭供暖或发动车辆使用的油品。把这种实物称为"wet"是因为油是液体的。交易人员使用这个术语来区别物理油品（physical barrels）和期货和期权中的纸面油品（paper barrels）。

这并不是指责期货或者期权都是没有作用的金融工具，相反，我们认为期货和期权在避险方面能发挥很重要的作用，但是要在 12 月份和 1 月份单独使用其中的一种要谨慎小心。3 年中有两年可以达到理想的效果，但有时它们往往不能完全反映装车时现货价格的变化，而这正是在隆冬季节应该避开的风险。在 10 月份和 3 月份这样的月份，几乎可以随意使用上述任何一种金融工具，包括期货和期权，而在 11 月份和 2 月份，只需要用实物油品的方法进行部分避险，因为这些月份的风险都小于 12 月份和 1 月份。

为了对抗基差风险，需要和供应商或专门从事实物石油保护计划的经纪人签订合同。明智的做法是选择一名供应商，这个人通晓各种风险和近年经常使用的各种避险方法。慎重的买主还要详细调查其客户是否可以在 2000 年 1 月份，2002—2003 年冬季和 2003—2004 年冬季买到真实的实物油品。如果在 2000 年供货商能提供实物油品，那么以后也可能准时供货。

公正地评估可能遇到的各种风险是对冬季供暖进行套期保值的关键。最大而且最有破坏性的潜在风险是销售商可能得不到实际的实物

油品。有时某些套期保值方法会优于其他选择，在深入讨论选择哪种方法时应该意识到这一点。接下来的几个章节将讨论何时选择使用实物油品计划，或存货质押融资，何时利用纯粹的金融工具避开有关风险。

# 3 各种各样的风险

在早期的能源市场，销售商和批发商只需要担心两种风险，第一种是价格风险或方向性风险，第二种风险是基差风险。

## 3.1 价格风险或方向性风险

价格风险是指纽约商品交易所的价格变动。一家公司可能已经对很多客户承诺了取暖油的销售价格，在公司购买到取暖油或者确定油料价格之前，存在油价上涨的风险。在不采取避险措施的情况下，油价的波动会让销售商辗转难眠。

1996—1997 年的冬季就是一个恰当的例子。1995 年夏末到 1996 年秋，期货价格不断上涨，期间只有小幅调整，因此销售商没有机会锁定价格。油价居高不下是因为从 1996 年初到夏末秋初，馏分油的库存量一直处于历史低位。

1996—1997 年冬季的情况能很好地解释价格风险，因为当时全国的油价都偏高，其价位不仅比年初高得多，而且比过去的几年都高。

价格风险和波动的另一个例子是 2002—2003 年的冬季。在 2002 年 3 月中，取暖油的价位还不到 65 美分/gal。在 2002 年 3 月 11 日，1 月份取暖油期货的价格达到了 68 美分/gal。销售商给自己留有 45 美分/gal 的利润空间，这样就能以 1.13 美元/gal 的价格吸引精打细算的消费者。然而，到了 2002 年 12 月 27 日，1 月份取暖油期货价格猛增到接近 91 美分/gal。在需求最旺盛的月份，没有做套期保值的销售商少赚了 23 美分/gal（本可以赚 45 美分/gal）。

情况仍然在不断恶化。2003 年 2 月 28 日，3 月份取暖油已经从 2002 年 3 月 11 日的每加仑不到 67 美分涨到了每加仑 1.31 美元。3 月

份表现出的需求常常比预期更旺盛，而且 2003 年美国东北部的气温比往年低 10％，有些取暖油销售商没有采用套期保值的方法避险，这时发现自己的状况极为糟糕，他们不得不以超出预期的高价购买大量的取暖油。很多情况下，他们只能提高零售价格，减少自己的经营利润率。

有些销售商自己没做套期保值避险，却已经向精打细算的消费者承诺了 99 美分/gal 的固定价格，最后只能自己吸收差价，蒙受损失。那几年许多销售商出现了经营亏损，他们在争取新客户方面竞争力稍差，因为要弥补经济损失，他们只能放弃先前预期的利润。

航空公司也蒙受了损失。受 911 恐怖袭击事件的影响，旅行人数减少，除此之外，航空公司还经历了 2002 年和 2003 年燃料油价格的剧烈波动。2002 年 3 月 11 日纽约港每加仑航空燃油价格不到 64.5 美分。但是在 2003 年 2 月 28 日，同样的燃油已经涨到了 1.30 美元/gal。在不到 1 年的时间里，燃油的成本价翻了一倍。而这一年竞争最激烈，因为在旅行业受到严重冲击的情况下，每家航空公司还试图保持其市场份额。2001 年的 911 事件发生后的 1 年时间里，估计旅行人数减少了 8％～11％。旅行人数的减少加上燃油价格成倍上涨使得航空公司损失尤其惨重。

### 3.2  基差风险

市场的急剧变化会带来大范围的价格风险，这些风险甚至可能摧毁你的资产负债表。为了避开这种风险，可以选择期货和期权等方法。对于最终消费者或者消费者的上一级销售商而言，期货和期权也只能分担部分风险。最终消费者或销售商面临的最大风险就是基差风险，因为有时他们需要立即购买到产品。

基差风险是相对于期货价格的两种不同类型的风险，一种是基于时间的风险，另一种是基于地理位置的风险。基差是在某个时间或地点的价格相对期货价格的溢价或折扣。

波士顿港和纽约商品交易所的差价属于位置风险。纽约商品交易所的价格是对纽约港卸下的货物制定的。其他地方的价格根据当地的供需情况可以低于或者高于纽约港的价格。当天提现价格和两三个星期后提货的价格差别属于时间基差风险。那些当天就需要货物的买主常愿意多付钱，当天提货。在供应受到意想不到的限制或者需求特别旺盛的时期，情况更是如此。

有的贸易商人用纽约期货合同对波士顿的用油需求做了套期保值，当在装车台提货时，他的生意会蒙受严重损失。大暴风雪对波士顿的影响会比纽约更严重，使得货物难以到达波士顿。因此，波士顿的实物油品的定价比纽约高。

纽约商品交易所反映的是纽约的价格。波士顿的价格是根据这个城市在某个时间的特点以纽约价为基础进行加价或折价而制定的。纽约商品交易所的期货合约是美国交易量最大的能源期货合约。

时间基差风险是指即刻交货和本月内交货两种不同方式要求的价格之间的差价。有的人急需购买一桶取暖油，比如当天就要，即使用期货的方法做套期保值，他的利益也会受到损失。有了纽约商品交易所的期货合同，卖方可以选择在合同生效的一个月内的任意时间交货。

有的买主需要马上买到实物取暖油，特别是在月初，而可以在一个月内任意时间交货的期货就不能满足要求了，这会使得人们不得不购买即提现货。这种情况下的油品价格高于由卖主决定的交货时间情况下的价格，这就是时间基差风险。

冬季取暖油的价格风险中最常出现的就是时间基差风险。相对于当地的装车价而言，这种差价会不断加大。装车价和期货价轮番上涨，并且装车价可以轻而易举地占上风，结果导致装车价高于期货价格。这只能由销售商努力向消费者解释这一现象。为了购入足够的取暖油，销售商最后只得付出巨额的提现溢价。

基差有它自己的交易市场，无论时间基差还是地理基差都可以交

易。气温的差异、炼油问题、河道结冰、经济发展水平不同及其他众多因素，都会增加或减少某个地区或某个时间相对于纽约商品交易所价格的基差。

因为柴油和航空燃油的价格都以取暖油的期货价格为基础而制定的，我们经常发现在纽约港以外的不同地方柴油和航空燃油的差价很大。纽约进入严寒季节时，取暖油的期货价格会上涨。东北部即提价格也可能会呈现溢价，然而中西部或南部地区的柴油可能会降价，因为那里的人不用馏分油取暖，他们只把柴油用在交通运输行业。全国各地航空燃油的价格也有明显差异。在美国东北部，人们用航空燃油/煤油溶解取暖油，使后者在凝固点温度仍然能够流动。在其他地区，航空燃油（煤油）仅仅用于交通运输等用途。

在对取暖油做套期保值早期，交易人员忽视了基差风险，结果蒙受了损失。如果没有即提的实物油品计划的保护，天气变冷时就可能出现取暖油短缺的风险。在夏季，汽油分销商和专营商会碰到类似的问题。如果经济繁荣或气候适宜外出旅游，就会增加人们对交通业的需求，从而使汽油的需求量猛然增加，再加上炼油中出现问题或计划外的检修，汽油转销商或专营商会受到汽油供求两方面的夹击。他们遇到的问题和那些取暖油的最终用户与经销商在冬季遇到的问题类似。

金融工具就是金融工具，它不能为你提供实际油品。要买到实实在在的产品，人们必须回到当地的零售商那里购买，他们提供固定价格或封顶价格计划，可以随时买到油品，也很方便。

即使是业务全面、综合性强的炼油商，也会把上游和下游单位分成独立盈利单位。大型的炼油厂按市场价格从母公司购买原油，不管母公司实际上是以何种价格买到的原油。炼油厂的炼油产品与原油的市场价之间的差值是其自身利润的来源。

有的城市和地区的油品供应来自固定的几个炼油厂，几乎每个地

区都是这种情况。一个地区性的炼油厂的损失能大幅度改变当地的基差。加利福尼亚州的情况更是如此，因为这个州的每个地区都依赖几个固定的炼油厂供应油品。进口原油可以弥补供应量的不足，但是消费者购买到进口油需要时间，这样同样会涉及到时间基差风险。

## 3.3　供货风险

以前也曾发生过终端油库油品售罄的情况，但是发生在 2000 年 1 月的事情最为典型。在新英格兰州和纽约，所有的城市和郊区居民在 1 天甚至几天的时间里都买不到取暖油。令人难以置信的事情发生了，政府对气候寒冷地区实行优先应急分配。在此之前，只有在天气异常寒冷时才出现过终端油库的油品销售一空的情况。2000 年的冬季是 105 年来最暖和的一个冬天，在 1 月份这个暖冬里比较寒冷的几天内，终端油库的取暖油断绝供应。这次事件之后，又发生过几次现货短缺，主要是因为天气寒冷。

汽油和航空燃油短缺的情况也出现过。航空燃油短缺的主要原因也是天气寒冷。汽油出现现货短缺，是因为汽油规格的不断升级。在 20 世纪 80 年代中期，美国逐步淘汰了含铅汽油，并且过渡到使用多种规格型号的汽油。最近，从这个春末开始到整个夏季，已经开始使用改性汽油。但是并不是全国各地都这么做，只是要求在某些城市、地区和州使用这种汽油。结果是在同一个供油区，炼油厂不得不同时生产多种不同型号的汽油，这可不是一件令人愉快的事。

2004 年初，纽约和康涅狄格州开始禁止使用 MTBE 作为添加剂提高汽油辛烷值。因为实施这项禁令，那里的加油站拒绝销售普通无铅汽油之外的其他种类的汽油。一年中，不同地区的不同季节，要求的汽油规格都不同，这给炼油厂增加了负担，不得不应付各地区对汽油需求的种种不同规定。

石油行业已经采用了限时（JIT）存货管理系统，并且不会在短时

间内取消。这种系统曾经给众多石油公司和喋喋不休的股东节省了数十亿美元。但是近几年有些地方出现了系统供货不及时的现象。汽油或取暖油售罄的情况隔多长时间出现一次才不会影响销售商/终端客户群？零售商和销售商绝不能没有货源，一旦断绝了货源，他们的生意就失去了意义。

因此，销售商和分销商应尽最大可能避免只依赖一个供货渠道。在 12 月份和 1 月份，还有 2 月份和 3 月份的某些时间，必须至少有两个取暖油或航空燃油供应商，有 3 个更好。当然，如果严格从供货观点来看，最好是在后院有个终端加油站或油罐区。从 5 月中到劳工节（9 月的第一个星期一）这段时间里，汽油零售商也应该多寻找几家供应商。

供货风险是一个比较新的风险类型，只是在去年冬末和 1996 年初春才显现出来的。供货风险也是市场的一个因素。要改善市场，就必须重建基础设施，改造早期建造但已不适应现时需求的设施。这要求整个行业和消费者协同努力。建造储存设施的目的是防止消费者买不到燃油。如果现存的基础设施不能确保燃料供应，就没有达到建造设施的目标。在过去的 20 年里，由于财政原因或环境原因，已经拆除了 60％的二级存储设施。

一级储存设施指的是炼油商拥有的储存设施。二级储存设施是指销售商、分销商和零售商用油的储存设施。最终储存设施是地下室盛取暖油的油箱或汽车里的汽油箱。

以前大家买不到取暖油时，才不得以求助于石油炼制者。现在情况不同了，油品集散地也被取缔了。油品储备，特别是在美国东北部地区，取暖油的储备和以前的情况完全不同。东北部地区的居民在 1996—1997 年的冬季储备了取暖油，因为这年在取暖油紧缺的关键时刻，天气突然转暖。2000 年 1 月，情况却恰恰相反。在取暖油供应紧

缺时，天气转冷，结果出现了供应危机。没有做套期保值避险的销售商失去了成批的客户，他们都转向了事先做了套期保值的销售商。有些销售商不得不提升价格，消减自己的利润，不仅惹得客户不满，自己的利润也下降了。

为了避免出现供货问题和价格问题，鼓励销售商和零售商尽可能采用下面列举的各个操作步骤。这种做法也适合最终用户和批发商。

批发商或零售商能采取的步骤：

（1）增加供货商和供应终端的数目。与供货商签订的合同中应该规定：如果供货商没有能够提供合同中涉及的油品，供货商应全部赔偿由此造成的损失。

（2）应该重建或扩建储存设施。有几种方法可以使这些设施本身带来利润。拥有这样的设施可以直接接受油品，而其他供货商却不能，所以有必要把储存设施建造得更好。要使供货商守信，准时供油的最好办法就是建造储备油品的设施。谈论一个连储油设施都没有的公司的安全性就像生育高峰期出生的人打算依靠社会保障生活一样，都是不可能的。

（3）鼓励扩建消费者的储备。应该向消费者解释在春天或7月份在储油罐里存满取暖油的好处，这样到了冬季取暖油高峰期，他们就不必再买更多的油。这需要一个 275～550gal 的备用油箱。一个 1100gal 的油箱可以满足纽黑文以南地区 90% 以上用户冬季用油的需求。他们可以在油价较低时购买，装满油箱。

尽管消费者需要用几年时间才能收回投资，但这也是值得的。在下一个 10 年中，也可能出现炼油厂供油短缺的情况，建自己的储油罐对房屋是一个重大的改进，能提高房屋的价值。从 20 世纪 70 年代初以来，还没有在美国本土建造新的大型炼油厂，现在美国的每家炼油厂对它的用油区都是非常重要的。

（4）地方、地区和州政府应该加强联系，施加影响，对于某些销售商、分销商和消费者在储油设施上的投资给予免税待遇。这些设施

应该符合现有的 EPA 要求。

### 3.4  需求数量风险

与取暖油和航空燃油相关的最常见的风险是需求数量风险，这种风险通常是因为冬季气温偏高或偏低造成的。一家公司可能预计其客户取暖油的平均消耗量为 1000gal，但是如果某一年的冬季非常寒冷，取暖油的需求量会很大。在客户需求可能增大的情况下，为了保护自身的利益，避开风险，企业可以购买买入期权。如果气温正常，没有出现过于寒冷的天气，到期时企业不会执行买入期权。但是如果需求量超过购买的期权规定数量的 5%～10%，他们会提供相应的储备。这种方法适合未雨绸缪的最终用户或转销商。

在暖冬季节，出现数量风险的机会较低，这时可以选择购买卖出期权。如果不需要更多的取暖油，卖出期权可以免受市场疲软的影响，为多余的取暖油找到销路。

大多数情况下，最好为冬季多准备些取暖油存货或者航空燃油存货（或者在签订的合同中规定数量），然后购买卖出期权避免即提市场的油价太高带来的风险。相反，如果气温太低，即提市场的油价会灾难性地升高，这种有限选择的方法比同时购买卖权和买权更为廉价，这样做还可以避开基差风险。如果企业预计每户用油 1100gal，而实际只消耗了 900gal，这种情况下，卖出期权可以保护企业不受损失。

需要指出的是，如果遇上不太寒冷的冬季，用户的取暖油需求较少，油价疲软，但是和期货相比，基差不可能大幅度下跌。持有多余取暖油的卖主可以自己选择在某个时间（利用期货或期货期权）出售油品，因为货物的销售由卖主做主。结果，在现货市场上的即提折价会使期货的价格下跌。

在异常寒冷的冬季，每户可能需要 1200gal 取暖油，油品的价格可能会上涨。以前若出现这样的情况，即提溢价会上升到 1 美元的高位。理论上讲，这种溢价可以更大。最好选用一种金融工具来避开价

格下跌的风险，而不是价格上涨的风险。

全面考虑企业面临的各种不同风险，这一点很重要。第一种是价格风险或市场趋势；第二种是基差风险，即期货合约价格和所需油品的时间和地点的价格之间的差价；第三种是供货风险，因此必须确保有几家供货商；第四种是需求数量风险，这种风险通常和气温的异常变化联系在一起。上述的各种方法或工具不可能完全避开各种可能出现的风险。但是，未雨绸缪的企业应该预测到可能遇到的风险，根据不同情况选择合适的供货策略，保障自己的利润。

# 第二部分　解决办法：
# 套期保值的各种途径

　　防范价格风险有多种方法，每种方法都有各自的特点。当今世界的石油价格不断波动，只选用一种方法应付不利的价格变化并不是明智之举。最好采用综合性的应对措施，包括实物油品计划、期货、期权、存货抵押贷款以及建造自己的储存设施。

　　我们首先介绍实物油品计划。

# 4 实物油品计划

下面列举的是实物油品计划的诸多优点，并且强调了这种计划的几个重要特征。任何一个实物油品计划都应该包括下列几项内容：

（1）实物油品计划必须提供真实的油品。有些公司提出的计划实际上只不过是金融工具。如果这个计划不供给实实在在的油品，那么还不如采用期权或期货，成本更低。

（2）油品必须配送到可以到达的销售终端。有时客户在恶劣气候条件下急需供暖油，比如暴风雪、道路结冰或者刮着寒冷的东北风。如果供油的终端地处偏僻，远离主干道，公司应该向其他交通更为方便的终端供货。公司应优先选择地理位置较为优越的终端作为它的终端。公司最不愿意把长途货运的费用加入公司其他业务成本中，在气候恶劣的情况下，到达有些终端就会带来这类成本。有时，冬天的大雪会大幅度延长运送油品的时间，如果司机装油就需要花费半天时间，他们运送油品的次数也会减少，这都会损害经济效益。

（3）实物油品计划应该既能够应对价格上涨带来的风险，也能保护公司不会因价格下跌蒙受损失。在当今世界残酷的竞争环境中，每家公司都不会让没有做过套期保值的竞争对手获得利润或者树立价格低廉的良好商业信誉。最佳方案应该是制定合理的价格，规定价格上涨的最高价位，同时在价格下降时能够随行就市。为了达到这个要求，可以在固定价格计划的基础上，购买卖出期权或者采取其他相应的措施，避免价格下降带来的风险，从而保证这一方案的实施。这种做法通常称为价格封顶计划。

（4）任何一个计划都应该合理定价。如果逼迫公司给予供货商过多的优惠，公司自身会丧失竞争力。合理的做法是在一般年景，固定

价格计划中，每加仑补贴 2～3 美分；实值封顶计划中，出现价格下跌时，最多补贴 4～5 美分。如果价格波动很大，像美国在本世纪初出现过的情况，补贴费用会更高。

在把公司的利润包括进来之前，必须首先把这些费用放进公司的业务成本中。这一点很重要，因为一家公司不可能简单地吸收了这些成本费用还能继续盈利。必须弄清提出的方案，并且对各家提出的不同方案予以比较，因为每年都出新方案。如果某供货商以前的价位很低，不能由此认为现在他提供的价格一定也是最低的。

（5）任何计划必须根据不同地方的实际情况制定价格。如果产品在诺福克港、弗吉尼亚或者麦迪逊、威斯康星等地销售，就不能根据纽约港的价格变动情况定价。合同中规定的价格必须是当地实物油品的价格。务必仔细阅读相关条款。

签订合同时纽约港的石油产品价格和实施合同时纽约港的石油产品价格会有一个差价，这个差价由大型石油炼制企业在其方案计划中自行支付。实际上，并没有动用一桶真实的油品，也没有地区基差保护，所以这种计划只不过是美化了的期货合约。尽管这个计划是大型知名石油炼制企业主动提出的，但并没有提供任何保障。这些基本条款应该是石油公司提出的计划的组成部分。

不能想当然地认为供货商应该提前预料到其必要性，并会提供理想的保护措施。如果你有这种想法，将会为此付出巨大代价。你必须清楚以什么价位运送货物，运到哪里，什么时间运货。一定明确是由自己决定还是由供货商决定 1 月份的油品的具体运送方式。必须保证不会出现油品短缺现象。

## 4.1　几点重要内容

有些取暖油销售商认为最好的办法还是维持现状，所有那些花哨的方法只是提高了公司的运营成本。在有些年头，可能最好的做法是直接到装车台提货，需要用油时临时购买就可以。在暖冬时情况确实

如此，这样的气候条件下，油品价格的疲软态势始终不改。

然而，1989—1990 年、1990—1991 年、1999—2000 年、2002—2003 年和 2003—2004 年的冬季，这种做法却带来了灾难性的结果。第一章已经提过，1989 年 12 月份的气温降到了 100 年以来的最低水平，导致取暖油价格猛涨。基差（其他地区的现货价格与纽约商品交易所期货价格之间的差价）也飞速上涨，无法控制。纽约港附近地区的基差竟然高达 20 美分/gal。

尽管 2000 年 1 月没有出现创历史记录的寒冷天气，在纽约港卸货的取暖油的基差也上升到了 1 美元/gal。如果内地需要供油，其价格会更高。2003 年 3 月，纽约港每加仑油的价格比期货价格高出 22 美分。这些情况已经多次出现，说明套期保值比以前更重要了。

有历史记录以来平均气温最高的 10 年都出现在 1980—2002 年期间。这 10 年的取暖油价格也呈现出季节性变化模式，从秋季初开始下跌，一直持续到冬季末期，但 2002—2003 年冬季和 2003—2004 年冬季都比常年寒冷得多。

期货绝对价格和基差的大幅度变化都会损害企业或客户的良好信誉。1990 年发生的事情就是最好的证明。尽管当时基差的变化还没有失控，但是油品的实际价格已经涨疯了。萨达姆·侯赛因入侵科威特的目的就是控制或摧毁科威特的石油生产，萨达姆担任伊拉克总统期间，在科威特点燃了上百座油井，这样一副令人难以置信的景象把科威特变成了人间地狱。这次入侵使取暖油的价格猛涨了一倍多。

1998—1999 年的冬季气温比常年偏高，取暖油供应比较充足，然而，紧接着在 2000 年 1 月，取暖油的价格却几乎上涨了两倍。最终美国在 2003 年决定将萨达姆·侯赛因从总统宝座上赶下来。一直到海湾战争爆发前的 15 个月内，取暖油的价格上涨了 2.4 倍。

那些没有做过实物保护的公司在 1989 年 12 月、2000 年 1 月和

2003 年 2 月或 3 月，因为油价猛涨，基差增大，蒙受了巨大损失。在 1990 年，那些没有买期货或实物保护的人只是因为油价猛升而遭受损失，因为当时没有出现大幅度的基差损失。没有做套期保值的公司只有两种选择：把增加的成本转嫁给消费者或者自己消化。

在 1989—1993 年的 4 个冬季中，有两个冬季的情况显示，还是不做套期保值好，但是在另外两年的冬天，如果没有做套期保值，后果将是灾难性的。在这 4 年都没有做套期保值的公司在地狱与天堂之间游荡。在好年头，他们赚取的利润超出了预期目标，但是在油价上涨的年头，又不能把增加的成本迅速转嫁出去。而它们的客户也总是忐忑不安。对于客户而言，每一笔账单都是一次冒险，就像在昂贵的饭店中菜单的标价都是"时价"。归结起来，这是个简单的保险问题。在价格飞涨、失去控制之时，公司如果不投保并支付一笔保险费，能躲过价格过高带来的灾难吗？

不需要全年都使用实物油品计划，也不必所有情况下都使用。但是有些情况必须求助于这种计划来防范风险，其他时间可以用期权和期货之类的纸面工具，有些长期使用过的衍生工具在有些情况下也可以派上用场。这些避险措施并不相互排斥，可以将这些工具进行各种组合，以适应具体的避险要求。

## 4.2 实物油品计划的使用条件

### 4.2.1 取暖油和柴油

在 12 月份和 1 月份，完全有必要实施实物油品计划。根据各地区所处的不同纬度，从 11 月份到 3 月份期间的某个月份或者所有月份也应考虑使用实物油品计划。

由下面一组数据可以看出，在公司拥有的储备或公司租借的储备中，实物油品计划的最小作用范围：

| | |
|---|---|
| 11 月份 | 5%～20% |
| 12 月份 | 25%～50% |

| 1 月份 | 25%～50% |
| 2 月份 | 15%～35% |
| 3 月份 | 5%～20% |

必须记住,上面列出的这些数据是使用实物油品计划的最低限度。

在特别寒冷的月份,基差会大幅度增大,而夏季发生这种风险的可能性小得多。因此,夏季可以通过购买期货和期权等金融工具防范突然发生的不合理的价格波动。

转销商和最终用户可以使用比这些实物油品计划更省钱、更简便的金融工具保护自己。这样做不会导致油价上涨过多,也能从通常的供货商那里买到与预期数量相近的取暖油。从春季中期到秋季中期,不必考虑会出现基差大幅度波动的风险。

期货交易存在风险,可能带来重大损失。作者在本书不讲解如何作多或做空期货、期权或其他金融工具,这本书只是以教学为目的。在你涉足上述金融活动时,应该首先咨询资深经纪人,并且意识到所有的业务中都有风险,有可能导致重大损失。

### 4.2.2 汽油

尽管汽油交易中存在较低的基差风险,但在春末夏初还是经常出现各种问题。建议汽油用户和汽油经销商在 5 月份、6 月份和 7 月份实施实物油品计划。在 4 月份、8 月份甚至 9 月份这段时间,实物油品计划覆盖的油品数量可以少一些。出乎意料之外的价格波动就发生在上述几个月份。在过去的 20 年里,5 月份出现的价格波动幅度最大。春季末期在汽油交易中,实物油品计划对加利福尼亚和五大湖地区的汽油用户非常有用。

最近,有 3 个州(纽约、康涅狄格和加利福尼亚)已经决定禁止使用MTBE,另有 14 个州也准备这么做。因此,汽油经销商现在需要认识到他们在不同的供油区可能遇到的问题。

对冲汽油价格的风险比给石油行业其他业务避险更加困难。在汽油行业，价格竞争更为激烈。许多汽油经销商不愿意采取套期措施，因为对储备油使用封顶或买入期权等所涉及的费用较大，这些费用只能加到零售价格里。

实施上述方案时，必须考虑到以下几点：

（1）如果一家公司当前可以使用的终端油库只有一两家，那么它必须确保即使其他公司买不到油，自己也有货源。有些实物油品计划可以使其不必为此担心。

（2）如果公司没有自己的储备油或者储备油的数量很少，它完全有必要使用实物油品进行避险。记住，这种做法的唯一目的就是确保能够得到可以燃烧的石油产品，否则就是以消费者的取暖问题或者驾车问题当赌注。

（3）向客户提供固定价格计划或封顶价格的公司需要确保它的定价仍然能够实现预期利润。因为绝对价格和某地基差的变化都是有重要影响的因素，使用实物交易是为了防范出现不利的价格变化或供货问题。

下列几种情况可以采取实物油品的避险措施：

（1）政治形势动荡不安或者汽油型号的变化可能导致价格升高或者供应短缺。转销商必须尽力采取保护措施，避免再次发生20世纪70年代导致人们在加油站排大队的现象。最近，从2002年12月到2003年2月在委内瑞拉爆发了大规模的罢工，因此从那里进口汽油遇到了麻烦。如果罢工发生在5月份，情况会更糟糕。随着季节交替变换汽油的质量标准也会导致供应短缺。

（2）公司的终端供应商（或者品牌供应商）在那个地区的油料储备能力有限。这种情况下，明智的做法是和这个地区的其他供货商建立联系，作为预防措施。在加州和五大湖地区更是如此。因为没有相互连通的输油管道，这些地方的任何一家炼油厂出现问题都会造成汽油紧缺和价格疯涨。春季末期存在的风险最大，因为各家炼油厂都在

停产检修，准备生产夏季规格的油品。

（3）公司储油设施或者能够租到的储油设施非常有限。理想状态下，公司应该拥有自己的库存，如果没有，就应该采取实物油品计划作为预防措施。

（4）公司对市政客户实行优惠价或者封顶价。最好首先保证满足这些客户的用油需求。

（5）一个地区要求不同标准的汽油，需要用独立的储油设施。这是近几年一直存在的问题，并且日趋严重。假如因为所在地规定只能使用某一标准的汽油，公司里的这种汽油可能很快售罄，因此必须保证货源供应。在最近这个春季，加利福尼亚州和五大湖地区可能售完夏季汽油，这种风险最大。

品牌销售商经常需要采取避险措施，以防范出现上述各种可能情况。否则，公司有必要签订自己的供货协议。就汽油而言，存在各种季节性风险，可能给某些地区带来更加严重的影响。理解本地风险是在市场上生存的关键。

总之，加油站还不能像取暖油的销售商那样给顾客提供固定封顶价格计划。固定价格封顶计划要首先给市政用车、警车、出租车供应汽油，而消费者最终会用借记卡买到汽油。这是一种培养消费者品牌忠诚度的有效途径。此时，公司才开始实施实物油品计划，会在任何时间，甚至货源抵达前几天，就着手制定价格或规定加价幅度。实物油品计划不仅能帮助避开价格波动或者基差变化造成的风险，而且还可以保证油品供应。

### 4.2.3 航空燃油和煤油

在下列情况下可以对航空燃油和煤油使用实物油品计划。

（1）在没有时间基差保护，也没有地区基差保护的冬季。通常来说，某个时间可以锁定基差，而在另外某个时间，可以锁定基础价格。总体而言，只要基差低于2美分/gal，那么锁定就有利可图。这种做法尤其适合取暖油销售商、铁路部门及气候寒冷条件下运营的运输公

司。在冬季，为了溶化取暖油和柴油，需要加入煤油。在异常寒冷的天气条件下，每加仑煤油的溢价比取暖油的价格高出 15～20 美分。

（2）航空公司同时也降低了机票价格，特别是在冬季。这种情况下，只要基差低于 2 美分/gal，就可以锁定基差（如果可以持有 1 年时间）。有多个航空枢纽的航空公司也应该尽力制约位于不同地区的枢纽的机票价格（同时规定这些枢纽的价格），这样有助于在航空燃油的价格中减少因地理位置不同而造成的差价。在每年较冷的 6 个月里，这种做法可能是非常重要的。

（3）政局动荡不安时，需要动用大量的军用飞机。这种情况不太可能影响美国，但是承担国际航班的航空公司在做风险评估时必须考虑这种因素。

（4）因为航空燃油有多种型号，必须跟上最新型号要求，防止出现航空燃油中断供应的情况。美国北部各州在冬季使用煤油是为了降低柴油或取暖油的凝固点，煤油也可以用来冬季取暖。如果有可能出现煤油短缺的危险，最好的办法是通过签订供货协议来锁定。有些情况会提高基础馏分油的价格，同时也会导致煤油价格的上涨。上述方法在这种情况下可以帮助节省资金。

航空燃油或者煤油的价格是以它与取暖油价格的差价形式表示出来的。

# 5 期货与期权

　　最容易引起商人误解和担心的话题之一就是期货和期权。期货合同和期权合同的价值变动很快，并且均拥有很强的杠杆效应，即使比较小的波动也会带来巨大的利润或者造成重大损失。期货和期权都属于零和市场，就是说，在这类市场中，资本和权益既不会创造也不会毁灭，只是在参与者之间进行再分配。

　　在股票市场，市场的波动会同时增加或同时减少所有市场参与者的资本或权益。在股票市场上，盈利或亏损并没有得到真正意义上的兑现，只是体现在账面上，要兑现股市中的盈亏就必须结清自己的头寸。

　　但在商品期货或者商品期权市场（以纽约商品交易所（NYMEX）能源期货为例），情况有所不同。在每个交易结束时，交易者都会面对着由于价格变动导致的盈利或者亏损，而且一些人不得不在第二天就付清昨天的亏损。无论商品期货的头寸是否有实物合同进行对冲，由其导致的盈利或亏损都是真实的盈利或亏损。如果某个期货头寸在某一天出现了盈利，那么这些盈利会被存入保证金账户并且可以马上提取出来。相应的，如果出现损失，则必须在第二天向保证金账户存入一笔钱来低偿损失。盈利头寸的所有盈利实质上都是来自对手头寸的亏损。

　　由于每笔交易总有多头（买方）和空头（卖方），因此每笔交易的总价值是恒定的，输家实际上是在每天清晨向赢家支付昨天亏损的钱，这保证了期货交易不会出现违约现象。

　　套期保值者也需要明白，他们持有的期货头寸有时也需要追加保证金。例如某铁路公司 3 个月后需要柴油，于是在期货市场上买入，

以防止3个月后柴油价格上涨的风险。但是一旦柴油价格下跌，则为了持有这样的多头头寸，就必须继续追加保证金。3个月后，当铁路公司可以以较低价格在现货市场购买这些柴油时，实际上它已经支付过了部分费用。铁路公司支付的总价不会高于期货价格，但它需要提前支付一部分，其余的则在交货时付清。

相应地，如果柴油价格上涨，那么铁路公司保证金账户金额会上升，但最终这些盈利会在购买高价现货时支付出去。最终的结果是铁路公司实际支付的价格就是当初所购期货的价格，期货合同也许会导致现金流出，也有可能带来现金流入，但这些都会被到期时购买现货的利润和损失所抵消。

### 实例

如果交易商购买了取暖油或汽油的期货合同，数量为1000bbl，即42000gal。购买时需要的保证金通常只是合同总价值的一小部分，有时甚至不到5%。交易商首先支付1000美元定金，表明自己已经购买了这份合同。如果当天每加仑的价格下跌了2美分，那么交易商支付的1000美元定金就损失了840美元。每加仑取暖油或汽油每浮动1美分，合同的总价值浮动420美元，相当于42000gal的1%。

第二天上午，已经买下此合同的交易商，需要再向经纪公司支付840美元，因为前一天每加仑合同商品的价格下跌了2美分。如果昨天的价格不是下跌，而是上涨了2美分，买方今天就能从账户中支取840美元。资金转手的速度很快，但是无论如何，交易商支付的资金不会超出合同的总金额。期货价格下跌带来的损失可以通过低价购买现货来弥补。

与股票市场不同，期货市场中，交易商可以轻松地卖掉不属于自己的商品，也可以购买自己并不想拥有的商品。从严格的意义上讲，这是一种金融交易。无论是低买高卖还是高卖低买都可以赚钱。

如果以 80 美分/gal 的价格购买了 3 个月后交割的期货，当期货价格下降到 70 美分/gal 时，那么需要追加 10 美分/gal 的保证金（4200 美元），再到期后以 70 美分/gal 的价格在现货市场购买时，已经支付的 10 美分/gal 的成本可以收回。当价格下降时购买者支付了 10 美分/gal 的保证金，并且为实物购买支付了 70 美分/gal，这与 3 个月前约定的 80 美分/gal 完全相同。

期货和期权都蕴含着巨大的风险。尽管期货价格能够锁定现货市场价格波动的风险，但他们仍然有其他风险存在。如果无法满足追加保证金的要求，期货头寸（用于抵御价格波动）的舱位可能会被经纪公司强制平仓。这样利用期货来消除现货价格波动风险的愿望就破灭了。

## 5.1 期货合约

期货合约是买卖双方达成的合约，该合约规定买方有义务取货，卖方有义务卖货，也规定了买卖商品的数量与单位（加仑、桶、蒲氏耳、盎司等）、价格、交货时间以及交货地点。例如，每张石油合约的规模为 1000bbl，或 42000gal，一张天然气合约的规模则是 1MMBtu。

一桶（1bbl）原油相当于 42gal。实际上，现在已经没有实物意义上的桶了，桶仅仅作为一种度量单位。

每张原油合约都会对货物的一些性质作出规定：例如倾点（pour point）、含硫量、雷德蒸气压、黏度等。油品的规格是以科隆尼尔管道公司（Colonial Pipeline）的相关规定为基础的，原油的规格以俄克拉荷马州的库欣原油为基础，天然气的规格以路易斯安那州亨利港的天然气为基础。这些期货合约交易的产品是可以和现货交易中的标准产品互换的。

可替换性是指一张合约可以换成另一张合约。每张合约都是可以替换的，这是一个期货合约成功的前提条件。这样，如果某人已经购买了一张 12 月份的燃料油期货，那么出售一张 12 月的燃料油期货就可以相互抵消。这是理解期货合约的一个关键：一个人可以出售他尚未拥有的合约。当他卖出某些他不拥有的东西时，我们称他在做空某种合约。既然他并不想实际交付这些商品，那么他就必须在合约到期前取消自己的合约，通常的做法是进行一次反向操作：买入一份合约。

持有的合约可以被一个反向的交易抵消。如果投资者卖出了合约，他必须买回来抵消。如果他买入了合约，或称之做多某合约，他就必须卖出来抵消。在期货交易中，购买合约和卖出合约的先后顺序是无关紧要的。一份合约只是一份到期支付特定数量特定商品的义务。因为石油期货合约是基于某种基础商品的金融工具，因此准备交割实物商品的交易者在到期时可以实物交割。

做多与做空可以相互抵消，就像物质与反物质一样。如果某人过去曾购买了一份合约，也就是持有多头头寸，那么他可以通过卖出一份合约来抵消自己的头寸，也就是说以前持有的多头头寸被空头头寸所抵消。

### 5.1.1 追加保证金

在讨论期货时，一定要注意保证金需要及时追加所带来的影响。如果以 55 美分/gal 的价格购买了一份期货（在 NYMEX 是 42000gal），然后期货价格降到 54 美分/gal，那么需要追加 420 美元的保证金。如果价格升到了 56 美分/gal，那么至少当天可以从保证金账户中提出 420 美元。当然，如果明天价格回到了 55 美元/gal，NYMEX 会要求你将这笔钱再存进来。当某个期货头寸亏损了，NYMEX 会通知自己的清算行，后者再通知建立该头寸的经纪公司，继而经纪人会通知头寸持有人补充所需保证金。

期货价格的变动可能是非常突然的。由于期货的本质是义务，如果价格的变动方向不利，持仓者可能会在很短时间内需要追加大量的保证金。这可能会给经销商带来极大的困扰，并且是导致大量的经销商采用实物油品计划的主要原因之一。但是如果经销商真正理解了期货，并能对其进行正确的管理，期货还是有其优势的。

期货提供了良好的流动性，并且就交易成本和交易损耗而言是最便宜的工具。如果一个公司具有提取现货的能力，那么期货就不一定是最佳的选择。但是，大多数公司没有储存大量现货的能力，尽管存在着可以提取现货的可能性，但通过期货做套期保值还是一种比较经济的方法。

### 5.1.2 多头套期保值的例子

某公司向提前预约过的客户提供固定价格的本年度所需的取暖油，签约时间是春季的 3 月份。通常每户家庭的每个取暖季（10 月份到第二年的 3 月份）的正常用量是 1000gal。3 月底大约有 500 户家庭已经签订了相关协议，因此公司决定在 NYMEX 利用 12 张合约来套期保值。它同时与供货商锁定了 3 美分/gal 的价差，从而使自己免受任何本地价格波动的影响。

该公司试图从供货过程中赚取 40 美分/gal，部分用于弥补固定成本（工资与场地租金），剩余 10～20 美分/gal 左右的经营利润。具体利润额要受到路况、维修保养、利率等因素的影响。在收取了 3 美分/gal 的装车费和 40 美分的边际利润后，公司向消费者收取 99 美分/gal。

公司与顾客都对这个价格比较满意，顾客愿意支付的最高价格通常是 1 美元/gal。在 3 月底，公司开始购买到期日在取暖季内的 6 个月的期货来应对冬季高昂的价格。公司决定购买 12 张合约，每张合约 42000gal，并且合约的到期日分布在后面 6 个较冷的月份，具体情况见表 5-1。

**表 5-1　公司购买合约的情况**

| 到期时间 | 合约数量（张） | 价格（美分/gal） |
| --- | --- | --- |
| 10 月份 | 1 | 56.00 |
| 11 月份 | 2 | 56.50 |
| 12 月份 | 3 | 57.25 |
| 1 月份 | 3 | 57.5 |
| 2 月份 | 2 | 57.25 |
| 3 月份 | 1 | 56 |
| 平均价格 56.98 | | |

　　该公司购买 10 月份和第二年 3 月份到期的期权各 1 张，11 月份和 2 月份到期的各两张，12 月份和 1 月份到期的各 3 张，每张合约的规模是 42000gal。该公司已经锁定了 504000gal 取暖油的价格。期货合约锁定的总规模比已经签订的固定价格协议所需供应量高出 4000gal，这是可以接受的偏差。

　　通过购买这些合约，并且锁定了相对纽约港的基差或者地区价差后，该公司已经锁定了向顾客收取的价格：99.9 美分/gal。如果取暖油的价格继续因某些原因上涨，这个 99.9 美分/gal 的价格仍然能够保证公司获得预期的盈利。这种做法也有负面效应，期货合约带来的是实打实的责任，因此，即使价格突然急剧下跌，该公司也不得不向签约客户收取 99.9 美分/gal。这个机制的一个关键是无论现货价格涨跌，期货价格与现货价格的价格变动方向相同。

　　这里还存在一个潜在的陷阱：追加保证金。如果价格下降 5 美分/gal，该公司就必须另外存入 25200 美元（12 张合约×42000gal×0.05 美元）来维持自己的多头头寸。这对于大多数夏季收入通常较低的经销商来说可能是比较困难的。鉴于潜在的保证金风险，许多经销商更倾向于直接与自己的供货商协商出可行的实物油品协议。这样在真正拥有实际的油品之前，他们不需要支付一分钱。

　　期货的最大好处是其流动性。如果某些意料之外的事情发生了，可以很容易地结束现有的头寸，同时以一个更低的价格进行套期保值。

一般说来，退出某个实物油品协议则困难得多。对此的应对措施通常是购买卖出期权或者对实物油品协议进行卖方套期保值。一旦需要利用期货合约，那么销售商应该具有交易期货的能力，同时应该小心谨慎地遵守交易纪律。

### 5.1.3 卖方套期保值的例子

罗密欧炼油公司在伊利诺伊州乔利埃特（Joliet）市有一个炼油厂。由于较高的炼油毛利润，该厂已经决定在第 4 季度里每月增产10000bbl 成品油。该厂原计划生产的产品都已经进行了套期保值，目前的问题是增产部分如何规避成品价格下跌的潜在风险。

也许最好的做法是和自己的老客户达成协定，锁定提升后的价格。这种做法还可以同时保护乔利埃特市与纽约港之间的地区基差，因为公司可以将基差和终端油库费用一起打入报价中。否则，公司要么自己承担第 4 季度现货价格下跌的风险，要么与某家银行进行互换交易来规避这种风险。

如果仅仅为了规避价格风险（或方向性风险），公司只需要在期货市场进行卖方套期保值：卖出到期日分别在 10 月份、11 月份和 12 月份的期货合约各 10 张。通过卖出期货进行了全面的套期保值后，罗密欧公司放弃了成品油价格继续上涨可能带来的收益。然而，也不再需要忧心成品油价格崩溃的可能性以及对炼油毛利的负面影响。如果 4 季度成品油的价格综合平均下降了 10 美分/gal，罗密欧公司在现货市场出售自己的产品要比预期的少 10 美分/gal，但是它在期货市场上的空头头寸的盈利 10 美分/gal 可以弥补这种损失。

如果罗密欧公司希望在成品油价格下降时自己不会遭受损失，同时还保留成品油价格上涨时获利的权利，那么它可以使用期权。相对期货而言，期权更加昂贵，但是期权使得某个公司或者个人在价格发生不利变动时可以避免损失，同时在价格向有利方向变动时可以获利。

### 5.1.4 参与期货交易的人

期货或者期权交易者大致可以分为两类：套期保值者和投机者。

第一类交易者的目的是试图分散或者对冲自己从事的商业活动中蕴含的风险。对大多数商业活动而言，所需购买的存货或者已经持有的存货都会带来风险。需要购买原材料的商人相当于天然地持有空头头寸，为了平衡或者对冲潜在的原材料价格上涨的风险，必须进行多头（买方）套期保值。持有产成品的商人是天然的多头，为了免受成品价格下跌或存货减值的影响，需要进行空头（卖方）套期保值。

多头套期保值可以确保那些天然空头按特定价格获取所需产品。这些空头需要在未来某个时刻购买原材料，通过进行多头套期保值，确保获取产品的价格，进而保证自己的经营利润。多头套期保值对终端用户特别有用。

空头套期保值则可以用于抵消天然的多头头寸，保护公司免受存货价格下跌的影响。同时，它还可用于锁定未来产品的销售价格，这对于生产商来说具有特别的吸引力。这两种做法可以帮助锁定经营利润以及敲定所需贷款数额。

### 5.1.5 原油例子

原油生产商需要从银行借款进行租让土地、勘探、钻井等经营活动，而银行并不希望生产的原油的出售价格随行就市。原油价格曾经低至 9.75 美元/bbl，也曾高探 41.15 美元/bbl。银行不愿冒着原油价格可能从 40 美元/bbl 降至 10 美元/bbl带来的风险，它更倾向于公司能够确保以 25 美元/bbl 的价格将所有产品售出。在美国更是如此，各油田的生产成本虽各有不同，但一般在 12 美元/bbl 到 18 美元/bbl 之间。银行（以及公司股东）希望看到每个油田都能够盈利。

与油田对应的是航空公司的例子。燃料成本是航空运输中最大的可变成本，同时还是航空公司继工资后的第二大成本。如果不知道未来 6 个月的燃料价格，就很难确保预售的机票一定可以获利。同样，度假者也不希望定购的机票的价格需要在登机时候才能确定，他们需要为自己的假期制定预算。与此同时，在黄金周时所有航班都预订一空，却由于油价上升导致每次航班都亏本，这样的场景也是航空公司

的股东不愿看到的。

显然，除了油价之外，航空公司在考虑经营策略时还需要关注许多其他的因素，例如座位的不可储存性，但是不断变动的燃油成本会严重影响最终盈利。提前掌控燃油价格会方便制定定价策略并有助于确保盈利。

通过对燃料成本提前6个月进行套期保值，航空公司可以理性定价，可以提前做广告吸引旅行者。不幸的是，它还必须考虑其他竞争对手的有时可能不那么理性地制定票价。尽管如此，提前锁定了燃油成本可以帮助公司提前规划经营活动，否则每次公司接受6个月后的座位预订时就是拿股东权益在进行轮盘赌。

对那些需要购买产品并因此进行买方套期保值的公司来说，期货价格的上升幅度可能与现货价格的上升幅度类似，因此，如果需要在6月份使用汽油，而在3月份购买的期货的价格可能随着现货价格的上升和下降而同向等幅地变化。

然而一定要注意这里存在的一个陷阱，如果套期保值者在3月份购买了6月份到期的汽油期货，然后价格下跌了，那么按照常规他必须追加保证金，而此时6月份才会真正购买的汽油现货并不会因价格的下跌而带来任何相应的现金流入。反过来说，如果价格上升了，那些在期货市场上卖空的套期保值者的保证金账户里的现金会增加，此时他们无需追加一分钱的保证金。

现货和期货市场的价格通常同向变化，但只有期货是每天清算的。如果价格上升，买方套期保值者在期货市场的获利通常用于弥补购买现货时多支付的成本。如果价格下降，那么他必须每天进行清算，追加保证金，直到真正开始购买现货时为止。以前为了维持自己在期货市场上的头寸而支付的保证金是此时能以较低的价格购买现货而付出的代价。

### 5.1.6 成品油例子

某汽油销售商预期在5月份需要42000gal的汽油，她很担心到时

候价格会走高。实际上此时她尚未真正拥有这些汽油，可以认为她卖空了这些汽油，到期一定要买入平仓。3月5日她以70美分/gal的价格购买了1张期货进行多头套期保值，防止到期价格的变化。目前的现货价格是70.5美元/gal，相对期货价格有0.5美分/gal的溢价。

5月份，期货价格升了10美分/gal，达80美分/gal，与此同时，现货价格上升到了80.5美分/gal。她在现货市场付出的价格比3月份时高出了10美分/gal，但她在期货市场上盈利了10美分/gal，这些钱已经存在自己的期货账户上了。最终结果是她总体支付的价格是70.5美分/gal，与她3月份准备支付的价格相同。期货市场的盈利与现货市场上的损失均是10美分/gal，正好抵消。

当3月份和4月份现货和期货市场同时下跌时，前面多次提到的保证金陷阱又出现了。例如，同样考虑在现货价格70.5美分/gal时，套期保值者以70美分/gal的价格购买了期货。在4月底，期货价格下降了10美分/gal，降到了60美分/gal。在5月份，她购进了实物汽油，价格为60.5美分/gal，与3月份的价格相比，同样下降了10美分/gal。为了保持自己用于套期保值的多头头寸，她必须追加4200美元的保证金。

结果还是一样。现货价格（60.5美元/gal）比3月份时的价格70.5美元/gal低了10美元/gal，但是在期货头寸上损失了10美分/gal。由于期货价格和现货价格同时下跌了10美分/gal，此人获取汽油花费的成本与3月初汽油的现货价格70.5美分/gal完全相同。但是她必须在套期保值过程中追加4200美元的保证金，这是确确实实的现金流出。最终，在现货市场上的收益会平衡期货市场上的损失。

以上的例子中，现货与期货之间一直保持不变的0.5美分/gal价差就是通常所说的基差。实际上，基差随着时间会变化的。当前我们关注的主要是价格风险或方向性风险，在应对这类风险时，一定要把握住一点：现货价格和期货价格通常向同一个方向变动。这两者的实际变动不会完全一致，但从油价的实际经验来看，两者的变动相关性

在 90％ 的时间里超过了 90％。在彻底弄清楚规避方向性风险的方法后我们将介绍应对基差风险的方法。

以上是对第一类交易者——套期保值者在市场上的作用的概括性介绍。他们拥有或需要真实的产品，并希望防范这些产品的价格出现剧烈波动，以免影响自己的净利润。在上面提到的汽油购买者的例子中，她也许已同意在 5 月份向一个汽车货运公司或船运公司以高于 70.5 美分/gal（这是 3 月份的价格）的固定价格提供汽油。如果为了维持经营，她需要 12 美分/gal 的利润，那么她与最终消费者的协议价格可能是 82.5 美分/gal。

在上面的例子中，如果销售商没有进行套期保值，并且以 82.5 美分/gal 的固定价格向一个汽车货运公司或船运公司销售汽油，那么一旦现货价格上升到了 80.5 美元/gal，她的经营利润将降至 2 美分/gal（82.5 美分/gal 的售价减去 80.5 美分/gal 的购买价格）。反之，一旦现货价格下降到了 60.5 美元/gal，那么其经营利润将暴涨至 22 美分（82.5 美分/gal 的售价减去 60.5 美分/gal 的购买价格）。但是套期保值的哲学是避免经营利润的大幅波动，只获得普通但稳定的利润。如果某些人希望和市场赌大小，那么他最好成为第二类交易者：投机者。

投机者是指替套期保值者承担风险的个人或者对冲基金。投机者臭名昭著，但他们向市场提供了流动性，承担了套期保值者希望规避掉的风险。作为补偿，他们有希望在市场中获得交易利润。严格地说，套期保值者无意交易利润，只关注保护自己的经营利润。当然，这只是纯理论的观点，实际上，大多数商业终端用户和生产者的期货交易部门也试图获取交易利润。

套期保值者与对冲基金的交易还是有明显的区别，尽管这种区别从交易指令和行情显示屏上很难直接看出来。套期保值者进入期货市场是为了保护公司的经营利润，而对冲基金的交易目的是通过期货以及相关金融工具的交易获得交易利润。套期保值者由于拥有商品或者需要购买商品，本身就承担着风险。投机者则是主动去寻求风险，并

获取与这些风险共生的利润。

投机者与拉斯维加斯的赌徒有何区别呢？期货交易员盈利或者亏损是因为他们承担了真正的风险。他们承担实业机构不愿承担的与商品伴生的风险，并获得相关的收益。拉斯维加斯的赌徒亏钱或赢钱所依据的风险本来并不真正存在，这些风险仅仅是为了在赌桌上判断输赢而人为地创造出来的。在牌手坐下来开始赌二十一点之前，赌城本来并不存在真正的风险。

一个取暖油分销商在先买进后卖出的经营过程中，面临着价格波动的风险。在购买商品之前，购买的价格必须事先确定。如果没有提前确定，那么很可能在需要进货时价格显著高于预期。收货入库后，货价还可能会下跌。这些风险都是分销商不希望面对的，需要找到某些人来承担。

投机者挺身而出，承担这些风险。无论投机者存在与否，各类油品的价格风险在真实世界中一直存在。而赌城的风险只为赌徒存在，如果没有赌徒就没有这些风险。在一个空空如也的赌场大厅中是不存在任何风险的（除了对于那些可怜的赌场经理）。在石油行业中风险是永存的，而投机者承担了这些现已存在的风险。赌场创造人工风险，赌徒们则对于承担这类风险乐此不疲。

那些与石油价格变动相关的企业都蕴含着内在的经营风险，如果它们没有对风险进行对冲，那么它们实际上就是在投机。它们也许从来没有特意引入风险，或者故意制造风险，但仅仅处于这类行业就是风险。每一个拥有或需要石油产品的公司都承担着这种固有风险。价格变幻莫测，规避这类风险并停止投机的唯一做法是对冲这些风险，将这些风险转嫁给乐于承担的投机者。

任何使用或者生产原油、成品油、天然气等石油产品的公司都暴露在价格波动带来的风险中。理解套期保值的益处并充分了解现有保值工具才能确保这些公司的生存和发展，这也是公司成功的一个基本条件。

### 5.1.7 期货价格是如何形成的

在大多数市场中，价格都是在买方报价和卖方报价的基础上撮合交易后形成的。在商品交易大厅中，买方报价和卖方报价都是通过公开喊价的方式报出，然后任何两个交易员都可以协商出一个交易价格。卖方必须接受最好（最高）的买方报价，而买方则接受最好（最低）的卖方报价。当卖方和买方就交易价格达成一致，则交易成交，交易价格就成为该商品的最新期货价格。

假设交易员鲍勃希望购买原油，而另一个交易员苏珊则希望卖出原油，下面则是报价过程。鲍勃首先报出买方出价 31.00 美元/bbl，而苏珊的卖方报价则是 31.10 美元/bbl，无法成交。鲍勃急于购买，因此将其出价提高到了 31.05 美元/bbl。苏珊也希望尽可能达成交易，因此她也降低了自己的卖方出价，达 31.07，但交易仍未达成。鲍勃更加焦急，因此将买方报价提高到了 31.06 美元/bbl，此时苏珊认可这个价格，因此喊出"成交"。这笔交易的价格就是 31.06 美元/bbl，并且成为市场上最新成交价格，坐在办公室里的交易员都可以在屏幕上看到。

## 5.2 期货期权合约

期权是一种不附加任何义务的权利，期权购买者有权在未来以事先约定的价格（行权价）买入或者卖出某种商品。反之，卖出期权的人则承担着没有任何权利的义务，这种义务使得他必须根据期权买方的要求以特定价格买入或卖出特定商品。当某人买进期权时，他需要支付期权费，而期权的卖方则收到期权费。这与人寿保险和火灾保险非常相似，期权费与保险费性质差不多。

和保险公司固定的费率表不同，期权的卖方是基于波动率、时间价值和内在价值，利用某种特定的方法来计算期权费的公允价值。期权的卖方在收到期权费的同时祈祷期权的买方永远不会行使自己的权利来获利。期权的买方则利用其来确定一个最低出售价格或者最高买

入价格。

理解上面的内容是很重要的，但这还不够，需要进一步加强认识。对于期货期权来说，不附带义务的权利意味着什么呢？它意味着持有人有权利以某个特定的价格做空或做多某种期货合约，但并不是一定要做多或者做空。是否做多或者做空取决于期权持有人的意愿，他完全可以不行使自己的权利，使得期权到期作废。他为这个期权付出的期权费，就是他准备承受的最大亏损。如果市场发展的方向与自己的预期不符，他会让这个期权一文不值地到期，而不会以亏本的价格行权而损失更多。

购买期货期权还有一个对公司非常有利的好处，期权在消除不利的价格变动带来的影响的同时，不妨碍公司在价格变动有利时获利。

### 5.2.1 期货期权一览

（1）买方：购买期权（买权或卖权），并支付期权费者。

（2）卖方：卖出期权（买权或卖权），并收取期权费者。

（3）买权：未来某一时刻以特定价格买入特定数量的某种商品期货合约的权利（不含任何义务）。

（4）卖权：未来某一时刻以特定价格卖出特定数量的某种商品期货合约的权利（不含任何义务）。

（5）行权价：期权中规定的期货价格。

（6）合约月：未来行使权力的时间。

（7）某人执行买入期权是因为他决定在期货市场做多，做多价格为期权的执行价格，期货的到期月份与期权到期月份相同。

（8）某人执行卖出期权是因为他决定在期货市场做空，做空价格为期权的执行价格，期货的到期月份与期权到期月份相同。

（9）如果行权会导致期权持有人付出比已付的期权费还要多的亏损，他会直接放弃行权。

### 5.2.2 期权卖方

（1）卖出期权者向购买期权者让出了一项不附带义务的纯粹权利。

买权购买者可以在特定时间以特定价格购买某种产品，卖权购买者可以在特定时间以特定价格卖出某种产品。卖出期权者将这些权利出售给买方后，获得期权费作为补偿。

（2）期权买方支付期权费，期权卖方收取期权费。

（3）期权买方可能的最大损失就是支付的期权费。

（4）期权卖方的损失可能无限大。

（5）期权买方可能的收益无限大。

（6）期权卖方最大的可能收益是收取的期权费。

了解了上面内容后，脑海中自然涌出的第一个问题就是：为什么有人愿意收取有限的收益，而面对潜在的无限的亏损。他们愿意这样做是因为那些有限的收益长期看来是可以持续的。期权的卖方比买方获利的机会要大得多，尽管有时他们会面临巨额损失，总体而言其收益虽小但是稳定。

卖出期权与保险公司卖出保单的行为类似。两种卖方都是先收取费用，然后在灾难发生时支付赔偿。只要资金足够雄厚，长期看来卖方都可以获取稳定收益。与保险公司类似，期权卖方也希望同时与一大群不同类型的买方交易，以减少亏损。期权卖方通过同时出售不同数量的卖权和买权来平衡自己的风险。

第二个可能提出的问题是：期权费是如何确定的？与保险的费率表不同，期货期权的期权费来自黑箱。黑箱在给出期权费时通常会依据的因素包括：期权行权价格、期权的内在价值、期权的时间价值以及基础期货合约的波动性（回忆一下，时间价值与期权的剩余存续时间有关，波动性则与近期期货市场的价格变动相关）。考虑这些因素后，黑箱内的程序进行一系列的代数计算，最终得到期权的公允价值。这就是期权买卖双方给期权定价的基础价格。

### 5.2.3　期权价格是如何形成的

做市商根据黑箱计算出来的买权（或者卖权）的公允价值同时报出买入价和卖出价。如果一个两个月后到期的平值买权的公平价值是

2 美分/gal，那么买入价可能是 1.85 美分/gal，卖出价可能是 2.1 美分/gal。如果某人准备卖出自己手头持有的某种期权，那么卖价是由目前的最优买价来决定。如果最优买价是 1.85 美分/gal，这就意味着此时卖出的价格是 1.85 美分/gal。那些准备买入的人付出的价钱则是由目前市场上最好的卖价来决定。如果做市商提供 2.1 美分/gal 的卖价是最优卖价，则交易者支付的价格就是这么多。交易者之间也可以像鲍勃和苏珊在期货交易中那样公开竞价，但期权市场的流动性较差，通常做市商的报价就是当前最优的报价。

以当前的卖价或买价直接成交称为市价交易。如果不认可当前的这些价格，可以设置限价指令，这些价格就会成为新的最优卖价或者买价。例如某人正准备购买某个期权，他可以要求自己的经纪人报出买价 1.90 美分/gal，这样就取代了现有的 1.85 美分/gal 的买价，成为最高的买价。如果有人希望尽快出售手中期权，则可以直接接受这个买价，以这个价格达成交易。当然这个人的愿望也可能无法实现，没有人同意以他的买价成交。其他的交易员很可能不愿意以低于 2.10 美分/gal 的价格出售自己持有的期权，那么一段时间内最高卖价仍然会是 2.1 美元/gal，直到某些激进或者急切的购买者将这个价格上的卖单全部吃下。

此时最优卖价可能是 2.20 美分/gal，其他急于买进的投资者可能认可这个价格，直接以 2.20 美分/gal 的价格成交，此时这个价格就成为市场最新价格。如果购买愿望足够强烈，那么就会不断地以当前的最优卖价成交，促成市场上扬。如果抛售意愿难以遏制，则交易不断以最优买价达成，市场价格逐步下跌。

### 5.2.4 案例 1

林肯－李（Lincoln－Lee）铁路公司需要规避在接下来的 6 个月中柴油价格可能上升带来的风险，因此决定对风险进行对冲。公司首先决定锁定 NYMEX 和自己分别位于宾夕法尼亚州葛底斯堡和弗吉尼亚州钱斯勒斯维尔的两个柴油仓库之间的地区价差。它的供应商同意

在 NYMEX 价格的基础上加价 3 美分/gal 向它的油库供油，这样基差风险就规避掉了。为了对冲基础价格的波动，公司为 7 月份到 12 月份预期的柴油用量购买了期货买权。

表 5-2 给出了不同月份到期的期货价格和期货期权的期权费。为了便于演示，我们选择的期货期权的行权价格接近 4 月 1 日那一天的期货价格。

表 5-2　林肯-李铁路公司购买的期货买权

| 到期时间 | 期货价格① | 行权价② | 期权费③ | 基差④ | 总价⑤ |
|---|---|---|---|---|---|
| 7 月份 | 53.00 | 53.00 | 2.50 | 3.00 | 58.50 |
| 8 月份 | 53.60 | 54.00 | 2.50 | 3.00 | 59.50 |
| 9 月份 | 54.40 | 54.00 | 3.00 | 3.00 | 60.00 |
| 10 月份 | 55.20 | 55.00 | 3.50 | 3.00 | 61.50 |
| 11 月份 | 56.00 | 56.00 | 4.00 | 3.00 | 63.00 |
| 12 月份 | 56.60 | 57.00 | 4.50 | 3.00 | 64.50 |

①4 月 1 日的市场价格；

②买权的行权价格；

③购买买权所需成本；

④NYMEX 与两个仓库之间的基差，本例中，该公司已经与供应商协定将基差固定在 3 美分/gal；

⑤公司为两个仓库内的柴油支付的总价；

注：所有的价格单位均是美分/gal。

此时，7 月份期货的市场价格仅 50 美分/gal，没必要行使期权以 53 美分/gal 的价格买入期货。林肯－李公司会让这个买权过期，放弃行权，这样公司自己可以节省 3 美分/gal。

**6 月底**：日子一天天过去，林肯－李公司必须决定是否对 7 月到期的期权行权。

在 6 月底，7 月交割的取暖油期货价格下跌了 3 美分/gal。表 5-3 给出了目前的相关信息，其中行权价格未放入表中，因为在期货价格为 50 美分/gal 的时候，以 53 美分/gal 的行权价行权已经不再具有吸

引力。期权费仍然在表中，因为期权费已经支付过了，属于总成本的一部分。基差仍然通过公司的供应商来锁定。最终结果是，如果公司准备以现在的市场价在 6 月底购买 7 月交割的期货合约，它需要支付 50.00 美分/gal，再加上锁定的基差 3 美分/gal。已经支付的期权费也要计算在总成本中。

如果林肯－李公司没有在 4 月 1 日购买行权价格为 53 美分/gal 的期货期权，它此时付出的总成本就无需包括 2.5 美分/gal 的期权费。然而公司就必须冒着潜在的到期价格上升的风险。本例中，公司在 7 月份的实际状况就是如此。公司购买的期权保护了取暖油价格上升时的公司利益，又没有妨碍公司在取暖油价格下跌时获利。

表 5-3  林肯-李铁路公司 7 月份到期的期货买权

| 到期时间 | 期货价格① | 期权费② | 基差③ | 总价④ |
|---|---|---|---|---|
| 7 月份 | 50.00 | 2.50 | 3.00 | 55.50 |

①4 月 1 日的市场价格；

②购买买权所需成本；

③NYMEX 与两个仓库之间的基差，本例中，该公司已经与供应商协定将基差固定在 3 美分/gal；

④公司为两个仓库内的柴油支付的总价；

注：所有的价格单位均是美分/gal。

**7 月底：**7 月底就得开始考虑 8 月到期的期货期权了。在决策时，8 月交割的期货价格为 53.5 美分/gal，比 4 月 1 日的时候低 0.1 美分/gal（当时是 53.6 美分/gal，见表 5-2）。

行权价是 54 美分/gal，在表 5-4 中特意用括号括起来了，是为了表明公司可以用 53.5 美分/gal 的价格直接在市场上买入期货合约时，行权不再可行。加上已经为期权支付的 2.5 美分/gal 的期权费以及与供应商锁定的 3 美分/gal 的价差，公司总的购买成本是 59.00 美分/gal。如果行使期权，那么就必须以 54 美分/gal 的价格做多，而不是市场现价 53.5 美分/gal，损失 0.5 美分/gal。

**表 5-4　林肯-李铁路公司 8 月份到期的期货买权**

| 到期时间 | 期货价格① | (行权价)② | 期权费③ | 基差④ | 总价⑤ |
|---|---|---|---|---|---|
| 8 月份 | 53.50 | (54.00) | 2.50 | 3.00 | 59.00 |

①4 月 1 日的市场价格；

②买权的行权价格；

③购买买权所需成本；

④NYMEX 与两个仓库之间的基差，本例中，该公司已经与供应商协定将基差固定在 3 美分/gal；

⑤公司为两个仓库内的柴油支付的总价；

注：所有的价格单位均是美分/gal。

这种情况下，林肯－李公司仍然决定不执行期权。

**8 月底**：即使林肯－李公司无法通过行权完全弥补自己付出的期权费，相对于让期权自然过期，公司行权还是能够降低总体成本。到目前为止的 3 个月里，如果林肯－李公司没有购买期货期权来对冲风险，公司的状况会更好一些。每次期权费或多或少地都增加了林肯－李公司支付的总成本。

由于期权费是已经支付的成本，本月林肯－李公司在决定是否行权时并未予以考虑。

在 8 月底，价格持续上涨，9 月交割的期货价格已经涨到 55.5 美分/gal。如果林肯－李公司直接在期货上购买期货合约，它将需要花费 55.5 美分/gal，再加上期权费和固定的基差，总成本已经高达 61.5 美分/gal。然而，如果公司决定以 54.00 美分/gal 的价格行权，可以节省 1.50 美分/gal（表 5-5）。

**表 5-5　林肯-李铁路公司 9 月份到期的期货买权**

| 到期时间 | (期货价格)① | 行权价② | 期权费③ | 基差④ | 总价⑤ |
|---|---|---|---|---|---|
| 9 月份 | (55.50) | 54.00 | 3.00 | 3.00 | 60.00 |

①4 月 1 日的市场价格；

②买权的行权价格；

③购买买权所需成本；

④NYMEX 与两个仓库之间的基差，本例中，该公司已经与供应商协定将基差固定在 3 美分/gal；

⑤公司为两个仓库内的柴油支付的总价；

注：所有的价格单位均是美分/gal。

对冲确实会增加经营成本，在一个价格保持恒定的完美世界里，是没有必要这么做的。对冲应该被视为投保。有时候保险费会白交，但不参保导致的风险可能是无法承受的。

**9月底：** 时间一天天过去，价格也在逐步走高。现在已经到了9月底，10月交割的期货价格已经上涨到65美分/gal。此时林肯－李公司开始庆幸已经购买了买权来避险。行权价格是55美分/gal，公司已经愉快地行权了。

表5－6给出了相关的价格信息。

林肯－李公司行使了自己的买权，以55美分/gal的价格购买了期货合约，实际付出的总成本是61.5美分/gal（55美分/gal的期货合约，3.5美分/gal的期权费，3.00美分/gal的固定基差）。如果公司没有对冲，那么它不必在前期支付期权费，但此时它就必须付出65美分/gal的市场价，再加上固定的基差，即总成本为68美分/gal。通过对冲，本月它节省了6.5美分/gal。

**表5－6　林肯-李铁路公司10月份到期的期货买权**

| 到期时间 | （期货价格）① | 行权价② | 期权费③ | 基差④ | 总价⑤ |
|---|---|---|---|---|---|
| 10月份 | （65.00） | 55.00 | 3.50 | 3.00 | 61.50 |

①4月1日的市场价格；

②买权的行权价格；

③购买买权所需成本；

④NYMEX与两个仓库之间的基差，本例中，该公司已经与供应商协定将基差固定在3美分/gal；

⑤公司为两个仓库内的柴油支付的总价；

注：所有的价格单位均是美分/gal。

**11月底：** 与9月底的价格相比，加热油的价格在10月底略有升高，并且在后面的时间里有所回落。为了叙述方便，我们假设公司在10月底面临的景况与9月底时相同（表5－7），公司再次通过行权节省了购买成本。在11月里，价格急剧下降，月底的时候期货交易价格是46美分/gal。暖冬、充足的炼厂开工率、平静的国际形式共同推动油价下跌。林肯－李公司放弃了行权，而是支付当时的市场价格。

**表 5－7　林肯-李铁路公司 12 月份到期的期货买权**

| 到期时间 | 期货价格① | （行权价）② | 期权费③ | 基差④ | 总价⑤ |
|---|---|---|---|---|---|
| 12 月份 | 46.00 | （57.00） | 4.50 | 3.00 | 64.50 |

①4 月 1 日的市场价格；

②买权的行权价格；

③购买买权所需成本；

④NYMEX 与两个仓库之间的基差，本例中，该公司已经与供应商协定将基差固定在 3 美分/gal；

⑤公司为两个仓库内的柴油支付的总价；

注：所有的价格单位均是美分/gal。

在这种情况下，林肯－李公司放弃了期权，直接在期货市场上以 46 美分/gal 的价格买入期货合约。考虑到期权费和固定的基差，公司付出的总成本是 53.5 美分/gal，与行权相比可以少付出 11 美分/gal。

也许有人会说，如果林肯－李公司完全不进行套期保值，看起来更为合算。根据理论，这种做法是正确的，因为多年平均可以平滑价格的波动。问题是公司是否为承担明年可能的风险做好了准备。实务中，采取某些对冲手段几乎是所有公司的最优选择。期权或者期货也许不适合每一个人，但它们确实是可以与基差保护等手段互相配合来较好地规避不利的价格变动。期权较贵，但它提供了双向保护。如果需要通过期货市场购买，买权能够锁定需要支付的最高价格，但不会限制最低价。在价格下跌时，公司完全可以放弃期权，直接支付较低的市场价格。

### 5.2.5　案例 2

拥有一个卡车车队的韦莱（Wylie）运输公司已经与 ACME 公司签订了运输合同，将在未来 6 个月里将货物从克利夫兰运到图森（Tucson）。尽管其他事宜，如回程中韦莱公司的卡车会运什么货物等问题确实存在，但在本例中不予考虑。这个路线路途遥远，韦莱公司希望能够在货车经过的几个大站，如克利夫兰、圣路易斯、塔尔萨等寻找到油料供应商。为了叙述方便，假设韦莱公司已经与这 3 个辐射全程的中转站所在地的炼油商达成了协议，锁定了油价与 NYMEX 价

格之间的价差。很明显，这是大幅简化的描述，实际情况要复杂得多。目前的问题是韦莱公司准备向 ACME 公司收取多少运费。

韦莱公司的经营模式。为了向 ACME 公司报价，韦莱公司首先必须计算出自己的成本，计算公式如下：

总成本 ＝（用油量×柴油价格）＋司机成本＋毛利润

司机成本和毛利润是固定的，柴油成本是将下面几项相加得到的：

（1）克利夫兰到圣路易斯的用油量×（克利夫兰价差＋炼油厂加价＋ NYMEX 价格）；

（2）圣路易斯到塔尔萨的用油量×（圣路易斯价差＋炼油厂加价＋ NYMEX 价格）；

（3）塔尔萨到图森的用油量×（塔尔萨价差＋炼油厂加价＋ NY-MEX 价格）；

（4）其他相关税费。

如前所述，NYMEX 与不同中转站之间的价差已经提前固定好了，炼油厂向柴油供应商收取的加价以及运输里程都是已知的，因此唯一需要锁定的就是基于 NYMEX 柴油期货的基础价格。某些运输公司能够直接从自己的供应商那里获得固定的价格，而由供应商自己在期货市场上进行对冲。但是为了深入了解操作的过程，我们将韦莱公司看成一个精通期权和期货的公司，继续下面的计算过程。

韦莱公司的管理层和其首席交易员认为价格可能下跌，为了给 ACME 公司一个确定的价格，他们决定购买期权来锁定风险。在总报价中他们会加入期权费，如果柴油价格上升，期权提供了保护，一旦柴油价格下降，公司的盈利会提升。他们也可以将柴油价格下跌带来的好处部分回馈给 ACME 公司，从而在市场上博取好名声。

韦莱公司付出 3.00 美分/gal 的价格购买行权价格为 70 美分/gal 的买入期权，即实际花费为 73 美分/gal，再加上炼油商收取的加价和锁定的地区基差，得到每加仑柴油的成本，乘以从克利夫兰到图森的耗油量，可以得到总的燃料成本。

## 5.2.6 案例 3

利用期权的方法不止一种。祖父家庭取暖公司希望规避 10 月份取暖油的价格风险，但迫切性比规避 12 月份或 1 月份的价格风险要低，因为 10 月份天气通常不是太寒冷，对取暖油的需求量有限。祖父公司决定卖出 10 月到期的平值卖权，并收取 2 美分/gal 的期权费，而不是购买买权。

当某人卖出卖权时，他实际上希望价格上涨。如果价格确实上涨，那么卖权不会被行权，以前收到的期权费就赚到了。

他们收取了期权费并且承诺，如果价格下跌，卖权的买方有权以行权价卖出期货合约。（如果卖出期权时市场价格是 52 美分/gal，那么平值卖权的行权价格也是 52 美分/gal。）一旦价格跌破这个水平，祖父公司将允许卖权的购买者以 52 美分/gal 的价格在期货市场上卖出期货合约，那么谁是这些期货合约的买方呢？买方不是别人，正是祖父公司。该公司通过出售行权价格为 52 美分/gal 的卖权，并且在期权买价行权后以 52.00 美分/gal 的价格拥有了 10 月到期的期货头寸。

然而，这并不是祖父公司真正支付的价格。因为祖父公司曾经收到 2 美分/gal 的期权费，必须在最终支付的价格中减去这笔钱，才是公司的实际购买价格。本例中，52 美分/gal（平值卖权的行权价格）减去 2 美分/gal，即 50 美分/gal 才是实际价格。既然祖父公司在 10 月确实需要一定量的油品，这也是一种获取的方式，同时还节约了 2 美分/gal。如果 10 月份的价格上升太多，期权的买方会放弃行权，祖父公司赚取了 2 美分/gal 的期权费，但是自己却需要为购买油品付出更高的成本。

在风险很大的情况下，这并不是一种适当的方法。谁也无法保证到期时价格一定会跌到行权价，从而期权购买人通过行权将油品卖给祖父公司。很有可能的是，它收到了 2 美分/gal 的期权费，但却眼睁睁地看着价格飙升了 25 美分/gal。这就是卖出卖权可能产生的恶果。

### 5.3 期货转现货（EFP）

期货转现货是石油产品交易中常用的一种交易手段。这种手段使用了期货，同时还可以实现基差保护，并给多头套期保值提供了极大的灵活性。缺点是可能需要追加保证金，导致现金流出。因此对于那些不熟悉期货以及公司没有为潜在的现金需求做好准备的交易者，这种方法并不适合。

下面介绍具体的做法。首先公司希望与供应商锁定本地基差。

现在轮到买方和卖方在合适的时机利用期货锁定自己的油品（原油、取暖油、汽油等）的基础价格。他们可以各自选择入市的时间和价格。在实际的货物即将移交的时刻，双方可以利用期货转现货同时结束自己的期货仓位。拟购货方原来持有多头头寸，而供应商则持有空头头寸。双方同时在NYMEX开反向仓位，抵消自己原来的期货头寸，取而代之的则是现货头寸。买方原来的期货多头头寸变成了现货多头头寸，卖方原来的期货空头头寸变成了现货空头头寸——负有供货的责任。

双方如果在6月份就商定好了在12月份进行期货转现货，那么双方在6月份到11月底之前会在期货市场建立各自的头寸。买方开多仓，卖方建空仓。双方开仓的时间不需要一致，例如买方可能在6月底就买入12月到期的取暖油期货，假设价格是55美分/gal，而卖方则可能直到10月份才在期货市场卖出12月的取暖油期货，那时的价格可能是65美分/gal。在感恩节前一天，双方开始进行期货转现货。本例中，假设当时的期货价格是60美分/gal，双方均认可这个价格。

需要指出的是，期货转现货时，使用任何价格作为结算价格都是可以的。即使当时的期货交易是60美分/gal，而供应商希望使用70美分/gal，甚至80美分/gal作为期货转现货的价格，买方也会接受，最终结果也不会有什么不同。NYMEX允许双方以任意价格转换，价格是无关紧要的。如果转换价格高，那么供应商期货头寸的亏损可以

在现货上得到弥补。如果价格低，那么买方的期货头寸会亏损，但可以用结算价格加上事先约好的价差来买入现货。

下面的计算仍然以 60 美分/gal 作为结算价格。

**买方：**

买方以 55 美分/gal 的价格买入 11 月到期的期货（锁定买价）。

买方通过期货转现货以 60 美分/gal 的价格卖出这些期货，获利 5 美分/gal。

买方向卖方支付结算价格 60 美分/gal 以及事先约定的现货基差，减去在期货市场上的利润，买方实际支付 55 美分/gal 加上基差。

**卖方：**

卖方以 65 美分/gal 卖出 11 月到期的期货（锁定卖出价格）。

卖方以 60 美分/gal 的价格进行期货转现货，在期货头寸上获利 5 美分/gal。这样的做法相当于买入期货，并将其转换为在现货市场上的空头头寸。

卖方从买方那里收到结算价格 60 美分/gal 以及事先约定的现货价差，并将油品移交给买方。考虑到从期货头寸上的获利，卖方实际获得 65 美分/gal 加上价差。

通过期货转现货可以将期货仓位转换为现货仓位。在转换过程中，看多头寸的持有人在协议的清算价格下平仓，并且获取现货。看空头寸的持有人以清算价格平仓，并且交付现货。期货转现货使得现实世界的交易双方可以互相抵消自己的期货头寸，直接进入实际的交易。

期货转现货使得交易者不仅可以享受交易所交易合约的安全性，还可以直接进行现金交易，还允许双方在不同时间独立地选择入市时机和价格。他们知道在将来的某一时刻需要购买或者卖出某些产品，但他们对于何时是确定交易价格的最佳时机持有不同的看法。

如前所述，这种方式允许交易双方自行选择建立初始头寸的时间，以获得对公司最有利的价格。买方在 6 月份以 55 美分/gal 的价格开多仓，而卖方则 10 月份以 65 美分/gal 的价格开空仓。通过期货转现货，

双方在期货和现货两个市场上总体实现了最优，在转换结束时，双方在期货市场和现货市场的风险全部对冲掉了。

如果双方协议的期货转现货清算价格是 75 美分/gal，结果是一样的。例如：

（1）买方以 55 美分/gal 的价格买入 11 月份到期的期货（锁定买价）。

（2）买方通过期货转现货以 75 美分/gal 的价格卖出这些期货，获利 20 美分/gal。

（3）买方向卖方支付结算价格 75 美分/gal 以及事先约定的价差，减去在期货市场上的利润，买方实际支付 55 美分/gal 加上价差。

（4）卖方以 65 美分/gal 卖出 11 月份到期的期货（锁定卖出价格）。

（5）卖方以 75 美分/gal 的价格进行期货转现货，在期货头寸上亏损 10 美分/gal。

（6）卖方从买方那里收到结算价格 75 美分/gal 以及事先约定的价差，并将油品移交给买方。考虑到从期货头寸上的获利，卖方实际获得 65 美分/gal 加上价差。

无论期货转现货的结算价格是多少，买方和卖方均得到他们相应的基础价格（取决于建立最初的期货仓位时的价格），加上或减去事先约定的价差。

# 6  何时选择期货或期权

对一个避险者来说，首要的考虑是现货与期货价格之间的基差风险。如果基差存在着季节波动性，那么使用期权或者期货只能对冲部分风险。

在基本不可能出现供应短缺的时候，使用期货或者期权是比较合适的。夏季里纽约港辐射范围内的那些取暖油分销商、柴油经销商、航空公司、铁路公司以及其他终端用户都满足这个条件。冬季里那些利用分布在纽约港周围油库的汽油经销商以及终端用户同样满足这个条件。美国东北和中大西洋各州都属于这些区域，但中西部各州则不属于，加利福尼亚州理所当然地也不在这个区域内。

另一个需要注意的因素是本地价格与期货价格之间的关系。相关信息可以从各种各样的新闻以及价格信息服务机构中获得，并用于分析特定地区的价格风险。分析的关键是根据历史数据分析现货价格高于或者低于期货价格的可能性。

下面是一些经验之谈：

（1）买方：买方不应该在本地价格相对期货价格的折价处于历史高位时买入期货。买方应该在本地价格相对期货的溢价处于历史高位时买入期货。当本地价格相对期货价格的溢价很高的时候，后面很可能出现现货下跌、期货上涨的局面。当本地价格比期货价格低很多时，则更可能出现现货价格上涨速度高于期货价格的现象。总体趋势是两个价格互相靠拢。

（2）卖方：卖方的做法与买方的做法正好相反。卖方不应该在现货价格相对纽约期货价格的溢价处于历史高位时为自己的存货进行卖方套期保值。当现货价格相对期货的折价处于历史高位，卖方则应该

卖出期货合约。

## 期货、期权、封顶合约和固定价格合约的比较与选择

选择期货还是期权，选择封顶合约还是固定价格合约（实物油品合约）都取决于某个地区的竞争激烈程度。如果在春夏两季消费者担忧冬季的燃油价格高涨而抢购油品，经销商争夺客户的竞争极度激烈的时候，购买期权或封顶价格保护需要支付的费用会上涨到难以承受的地步。

当然选择期货或者固定价格合约也是一把双刃剑。价格可能会下跌，竞争对手可能根本没有进行对冲或者只进行了部分对冲。此时购买了固定价格保护的经销商可能陷于相对不利的境地。如果价格下跌，消费者可能在取暖季节更换门庭。如果消费者希望在预订时价格最低，此时使用固定价格合约是比较合适的。如果消费者希望在真正取暖时付出最低的成本，上限合约更合适。

例子

自由岛上共有两个取暖油经销商，帝国标准油料公司（Empire Standard Oil）和多变田园油料公司（Gardon Variety Oil）。帝国公司喜欢向消费者提供封顶价格计划（自己则买入看涨期权），田园公司则倾向提供固定价格计划（自己买入期货）。期权的执行价格与期货价格都是 50 美分/gal（NYMEX 价格），标的物则是 12 月份的取暖油。在实际买入时，纽约港现货价格与期货价格不存在基差。他们的供应商向他们收取 3 美分/gal 的附加费。要想锁定固定价格，需要额外支付 1 美分/gal；要想锁定封顶价格，额外的成本则是 3 美分/gal。

在这种情况下，通过购入看涨期权，帝国公司给出的价格可以不超过 56 美分/gal，而通过买入期货，田园公司的价格可以固定为 54 美分/gal。如果取暖油价格持续上涨，田园公司相对帝国公司可以保持相当稳定的 2 美分/gal 的优势。如果价格跌破 53 美分/gal，帝国公司则开始拥有一定的优势了，但此时，相对于那些压根就不进行避险的公司，帝国公司的价格却总是高了 3 美分/gal。在价格处于上涨趋势时，帝国公司和田园公司相对于那些不避险的公司总是优势的，但在某些时候，情形却又颠倒过来。

问题的关键在于取暖油价格下降的风险到底有多大，以及本地市场上消费者对于价格的敏感性如何。如果消费者会因为锁定价格所付出的溢价而转向自己的竞争者，那么打算避险的经销商一定要考虑价格大幅下跌的概率。这种概率取决于市场的基本面、技术面、季节性因素以及当前价格下市场参与者的心态。很明显，相对于 90 美分/gal 的固定价格，任何人面对 40 美分/gal 的固定价格时总是感觉更安全一些。

如果到了真正为取暖油付费的时期，消费者不会因为市场取暖油价格下跌而转投其他供应商，提供固定价格计划并购买期货的做法才能成功。如果消费者没有忠诚度，会为了省几分钱而从其他经销商那里买油，提供封顶价格计划并买入看涨期权的做法比较有效。当价格处于历史低位的时候，提供固定价格计划并购买期货比较合适，而当价格处于历史高位时，提供封顶价格计划并买入看涨期权的做法比较合适。固定价格计划给出的是一个严格的价格约定，只能保护价格上涨的风险；而封顶价格则可以同时保护价格上涨和下跌的风险，这也是封顶价格花费要更多一些的原因。

近几年，在春天就开始为今年冬天的生意提供固定油价价格计划是不明智的。2003 年和 2004 年中，三月份不是提供固定价格计划的好时机，因为那时的油价正处于历史高位。那时最好提供封顶价格计划或者等待局势明朗再做决策。

### 美国中西部地区：石油提炼产品的特殊问题与机遇

美国中西部地区的柴油和汽油分销商不仅需要期权或者期货，还需要同时进行基差保护才能达到实现自己的目的。对本地交易价格相对纽约港价格的关系了如指掌也是理所应当的。如果本地油品与纽约商品期货交易所的价差处于历史低位，此时不宜使用前面提到的各种

避险工具。因为即使在纽约价格保持稳定的情况下，本地价格可能会上涨，从而相对纽约价格呈现大幅溢价。结果就是本地油品的装车价上涨了，而在期货头寸上却没有获利。此时最好的做法时是从本地供应商那里预定油品，或者购入油品储存起来，同时在纽约商品期货交易所卖空，从而防备供货风险。

如果中西部地区相对纽约的油品溢价处于或者接近历史高位，此时买入期货就有意义了。这样，可以从两个途径获利。在纽约价格上升的同时，本地装车价与纽约价格的溢价可能会下降。可能产生的结果就是支付本地较低的装车价，同时还能够在期货头寸上获利。

如果一个石油提炼产品生产商仅仅通过一个供应商来卖出油品，或者供应商们只有一个油品来源（例如一个炼油厂），那么他们最好先找一个候补。这样就可以避免因为美国中西部的任何一家炼油厂停产，或者其中的一套装置停产所造成的特殊问题。要记住，期货和期权的作用仅限于规避价格风险。

### 原油

炼油商们最希望能够在买进原油期货的同时，卖出提炼产品期货，以此锁定炼油利润。但是有时候，在原油价格处于历史低位的时候买入原油的看涨期权，或者在石油提炼物价格处于历史高位时买入看跌期权也是可行的做法。

炼油商也可以向分销商提供固定价格计划来锁定自己的利润。这种情况下，炼油商只需要锁定原油价格即可。如果炼油商提供的是封顶价格计划，它可以买入原油看涨期权，也可以在直接买入原油储存起来的同时买入提炼产品的看跌期权来保护价格下跌的风险。为了最大化自己的利润，炼油商会采取各种复杂的交易策略。

由于炼油商们的眼光通常更长远，因此拥有许多特殊的机会。他们可以在价格高涨的时候买入看跌期权，甚至在某些价格下卖出看涨期权。他们还可以将期权和期货组合使用。炼油商们还可能会要求专家定制有效的对冲策略，满足公司债权人和股东的偏好。

选择期货经纪人

　　一些精通业务的期货经纪人组成了多个专家团队，能够熟练指导套期保值者规避期货市场中的种种陷阱。他们中的大多数都拥有多年和套期保值客户打交道的经验，而且现在仍然有自己的套期保值客户。可以向他们进行咨询，但是不能被他们完全左右。期货经纪是一项专业性很强的工作，长期从事这一职业的人，通常会因为公司的兼并和收购而多次变动就职的公司。应该找出这些经纪人，他们比当地有名的经纪商行中的股票经纪人更加清楚客户的需求和苦恼，而且收费更低。

　　如果自己的股票经纪人或者现有的金融服务提供者既没有期货市场的经验，目前也没有与自己需求类似的套期保值者在他那里开户，那么选择他作为自己的期货经纪人是不明智的。没有人在需要对冲原油或天然气价格风险的时候，愿意听股票经纪人大谈所谓的热门消息。同样，如果能够找到石油行业的经纪人，就不应该去咨询谷物或纤维行业的经纪人。

　　最后一点，套期保值者应该告诉自己的经纪人，他目前对投机行为并不热衷，仅仅是为了实施一项完善的避险计划。如果想投机的话，应该单开一个新账户，不要与避险账户混在一起。如果避险计划足够周密的话，一个月内的交易次数不应超过两三次，在冬季时不应超过一周一次。

　　卡麦隆汉诺威公司建议为冬天用油避险的客户仅买入一次。如果在期货到期前价格到达顶部，公司可能建议客户买入看跌期权，或者针对避险头寸卖出期货。这样会实现与原计划一样神奇的效果。通常公司会建议客户买入看跌期权，这样可以像单纯的期货一样继续规避价格上涨所带来的风险。能源市场平均每年有四次主趋势，如果一个套期保值者试图抓住每一次小调整，最终往往达不到理想的避险效果。如果能够抓住两次主趋势并且避免在另外两次中遭受损失，那么一年就会获得不错的结果。

　　借用球场上的一句话简单总结一下：进攻虽精彩，防守终获胜。

炼油商给经纪人打电话永远不可能是为了寻求刺激，他们的目的只可能是寻求周密的避险方案以及实施这些方案。只有炼油公司日常经营状况良好，公司股东们才有可能去买喜爱的本地球队季票或者去大西洋城度假。

某些人也许试图从某条渠道得到建议，而又通过另外一条渠道将其付诸实施。确实有人提供收费避险咨询，但并不从客户的交易中获利。他们会按月收取服务费，客户可以通过自己的经纪人来交易。他们的收费独立于客户的交易活动，因此不会为了自己的利益劝说客户过度交易。

# 7　互换与存货质押融资

银行和供应商可以提供类似期权或者期货，或者类似现货合约的个性化金融工具，某些经纪公司有时也可以提供。提供这些工具的机构一直在变，但这并不重要，重要的是准确理解这些工具能够规避或不能够规避哪些风险。当然你必须首先明白我们前面提到的每一种风险。

这些工具中有些可以完美地规避风险，有些可以提供存货质押融资，有些可以用于保证供应。然而这都依赖于对这些工具的深入理解，需要持续倾注大量的精力。许多银行对这个领域还不是很了解，有些甚至不知道如何追加保证金。德国金属公司，一个规模庞大的德国银行，在发现自己必须为暴露在外的头寸进行融资以前，一直在从事着世界上最先进最具创新性的对冲项目。惊惶失措的银行董事会解雇了一位最聪明最有经验的美国取暖油专家，业务的连续性和业务经验同时一去不复返，新来的接任者是一位公司清算和破产专家。

这个项目夭折的原因是德国银行家无法把握美国取暖油对冲的复杂性，也许根本不应该指望他们能把握。他们雇佣了行业内的顶尖高手，却在最艰难的时刻将其解雇。如果他们信任这些天才，所有的头寸将会恢复盈利状态，最终会给银行带来数百万的利润。现在的结果却是银行出现了巨额亏损，并成为新闻媒体的热门话题。

就像一个被仇恨蒙蔽了眼睛的决斗者，德国金属公司董事会只看到了资产负债表的一侧就怒火冲天，他们没有看到他们的分支机构在美国市场上的突破性进展。他们实际上是被自己巨大的成功遮挡午后阳光形成的一片阴影吓着了。

在整个过程中，某些对冲的做法也因为同样的原因被妖魔化了。

在对冲过程中，一定要了解交易对手和交易对手服务的公司。很多公司已经在这个领域耕耘多年，信誉卓著，他们能够制定安全可靠的对冲方案。虽然任何东西都会变，但我们只能基于我们目前已知并且可信赖的东西来完成这本关于明天的书。

银行涉足对冲服务是很自然的，但银行家涉足对冲服务就不合适了。绝大多数的银行家掌握了一定的主流银行知识，但没有足够的时间在对冲领域获得足够的经验。他们的银行知识丰富，但对于能源对冲了解得还不够。

熟练掌握这些对冲工具要求专一和持久。很多公司就是坚持专一和持久，弄懂了自己要参与的活动，效果很好。一些公司则正在寻找具有金融背景、理解石油的才俊来从事这样的工作。金融机构可能熟悉这类工作，也可能不熟悉，但它雇佣的员工应该熟悉。金融机构应该多关注自己雇佣的专家。

# 8 择 时

对冲理论和纯粹的对冲操作已经在前几章介绍过了。对于那些没有经验和正确指导的人来说，最初进入市场时不要判断市场的走向。当他逐渐熟悉市场后，优化自己对冲操作手法的愿望会越来越强烈。没有在期货市场上摸爬滚打过的人永远不知道期货市场是多么的惨烈。每个套期保值者最终都会试图游走在剃刀边缘，在套期保值和投机之间寻求平衡。每一个交易者都必须直面这个危险阶段，以免过度交易，浪费了多年所学知识。

处理这个问题的一种方法是开设两个不同的账户，这样可以同时记录每笔交易的目的。成功的套期保值者必须有能力区分两类目的互相冲突的交易。某取暖油经销商可能会做多 2 月份的期货、买入买权、或者参与实物油品计划来应对可能高涨的油价。但在 12 月底，他可能会对为了避税而购入的用于后进先出的油品进行卖方套期保值。不同的交易目的有着不同的操作方法，很多套期保值者就是因为搞乱了交易目的而犯下错误。

这并不意味着交易者无法利用已知信息选择进入或者退出套期保值的时机。在当今这个充满了价格战的市场中，对市场状况的了解是生存的必需。即使在价格足够低的情况下，仍然要考虑如果价格继续下跌竞争对手可能的出价。

## 8.1 决定原因和时机

第一次进行套期保值的人最想说的一个词是：为什么？对避险工具没有任何背景知识的交易者一定很疑惑：为什么并没有任何新消息，这么多交易员仍然在持续地交易，不断买进或者卖出。这个问题很难

回答，就像盲人摸象一样，各执一词，但可能都不是事实的全部。

最接近真相的回答是交易就像到餐厅吃饭，某些人点喜欢的菜，某些人只点减肥食品，某些人则会点实惠的东西。除此之外还有其他无数的理由促使某人吃或者不吃某种食品。

与此类似，有些场内交易商进行日内交易，有些活跃的投机者则会将头寸保留几天，有些基金则会考虑持仓一周甚至一两个月，而有些业界用户开设的头寸可能会持有非常长时间。

你可以把他们理解成狼吞虎咽者和细嚼慢咽者。他们在餐厅点什么菜取决于自己有多少用餐时间。在交易中，某些人的获利模式是积少成多，某些人则是放长线钓大鱼。

人们还有不同的风险承受能力，短线交易者会及时止损，而长线交易者可以承受较大的风险，获取预期的高额利润。通常的经验法则是可能的获利潜力要三倍于可能的亏损。尽管这个法则主要适于投资者，但对套期保值者同样适用。

在任何一天中，半数以上的交易量都是以止损结束的，避免情况进一步恶化。这是一种简化公式，但一定要记得在期货市场上，有人挣了一块钱，就有人亏了一块钱。期货市场不是那个水涨船高的股票市场，期货市场的参与者成功的不多，失败的却非常多。看似危言耸听，但基本情况确实如此。

在市场向某个方向发展时，市场中原来的反向持仓者大批平仓，会进一步推动市场向这个方向前进。如果在这时没有及时平仓并且开反向仓位，那么你就错失了一次机会。如果你放任情况恶化，就必须准备好明天需要追加的保证金。一个仓位正在流血的交易者可能会不停地给经纪人打电话，满头大汗，握着话筒就像抓着救命稻草。如果错过了一个可能的挣钱机会，可能只是耸耸肩罢了，但一个手中仓位正在不断恶化的投资者就像正在流血的海上遇难者，并且周遭鲨鱼环伺。

通常，持有亏损头寸的投资者通常先试图利用限价指令来最小化

自己的损失，卖出限价指令通常设置在市场上方，而买进限价指令则设置在市场下方。限价指令是与市价指令相对应的，市价指令是指令交易以目前市场给出的最好价格马上成交。这些指令会向场内交易商透露他们的意图。

在有可能以高出当前市场价格卖出时，场内交易商会抢先成交，反之亦然。最终，如果几次挂限价单都无法成交，那么亏损的交易者只能自己动手砍仓。如果很多交易者同时这么做，市场会进一步向该方向运动。

期货交易者买卖行为的原因很多，但通常最急于买进的人是那些亏损的空头，而最急于卖出的则是亏损的多头。

## 8.2 市场上不同的影响因素

在能源市场上通常有 4 大类影响因素，每一种都有自己的特质，它们某些时刻单独主导价格的变动，某些时刻则几个一起影响价格。下面是对它们的简单描述。

### 8.2.1 基本面因素

在供给或需求发生巨大改变时，市场可能会出现特定的走向。周三早上市场对美国石油学会和美国能源部发布的每周石油库存报告所产生的反应就属于对基本面的反应。不定期出现的炼油厂停工、管线事故、冷空气来临或者欧佩克产量变化等基本面信息也会影响价格。

天然气的价格则在周四早上对美国能源情报署（EIA）周报进行消化。天然气价格也会对周一早上的天气预报、夏季热带海浪、风暴或者飓风光临的预告有反应。这些东西都会同时影响供求。

基本面变化主导的趋势可能维持 6～22 周不等。

### 8.2.2 技术因素

过去的价格行为或者根据其描述出的图形可能会导致市场向某种方向变化。90％以上的场内交易商根据技术图形进行交易；其他交易者，包括经纪人和对冲基金，也有很多采用这种方法。我们将在第 10

章详细阐述技术分析。

技术性价格变动背后的推动因素是趋势。上周价格上涨势头良好，这周很有可能继续上涨，这是最基本的逻辑。

### 8.2.3　季节性因素

季节性因素也是推动价格变动的一种因素。油价通常在 3 月份和 7 月份较低，而在 10 月份和 12 月份见顶，这与我们日常生活的逻辑有些出入。一定要关注价格的季节性变化，并弄清楚背后的逻辑关系。

### 8.2.4　心理因素

所谓心理因素，就是影响交易者对市场信心程度的那些因素，例如战争、罢工、政变以及其他投机者关注的事件。当这些事件发生后，其对供需的真实影响已经不重要，重要的是对参与者的心理冲击。

在受到这些因素影响下的急剧动荡的市场中，交易所通常会提高保证金率。除了天才，基本没人能够在这种市场状况下交易，价格毫无征兆地上蹿下跳，一天内的波动相当于过去一周甚至一个月的波动。

这是一个忠告：市场总是比所有人最大胆的想像走得更远更快。重要的是顺应趋势。如果价格看上去太高或者太低，那么实际情况一定不是这样。应该把逻辑和推理抛到一边，因为市场有自己的逻辑。

# 9  基本面分析

基本面分析研究的是供求关系。对市场进行分析时，有两种截然不同的思路或研究方法。技术分析研究的是在不考虑任何基本面因素的情况下市场价格的行为。基本面分析会考虑诸如产量、进口量、消费量、储备之类的因素，综合分析之后对当前的价格作出判断。

假如储备量降到了数年以来的最低水平，1996 年的大多数时间就处于这种状况，2003 年又是这样。如果需求增加，基本面分析师会把当前价格与前几年的价格进行比较。如果当前价格低，他会认为这是买入的时机。相反，如果现价处于历史高位，基本面交易员可能会决定卖出，至少从理论上是这样运作的。

在实际交易过程中，交易员多半是把当前价格和昨天的价格甚至 5 分钟前的价格进行比较。也许纽约商品交易所即将到期的取暖油的交易价格是 60 美分/gal，传递了潜在的利好消息。没有交易员会花费力气进行详尽的调查、研究或者比较不同的基本面因素，最常见的反应就是"比 5 分钟前的价格高了，值得买进"。

除了这种凭经验作出的反应外，影响市场的因素还包括追加保证金、技术趋势以及投机者和套期保值者所造成的长短期效应。所有这些因素共同把价格推到了合理或高估的价位。一位纯粹的基本面分析师的工作就是确认市场何时体现了商品的价值或者说何时应该买进；什么情况下商品的价格在市场中被高估了，应该卖出。

一般说来，供需确实会影响到市场，但它们的影响要经过相当长的时间才能显现出来。在期货市场中，很难判定某种产品的价值。期货产品的价值和对其的供需经常会互相影响。

如果期货价格升高，交易员竞相买入，就会出现短期逼空。期货

价格在上涨，但是现货价格却没有相应的增长，这种情况通常只会持续短暂的时间，不过在合约到期前两三天时间经常会出现短期逼空。这时，做空的交易员可能怀疑甚至担心无法得到足够的商品来交割。通常这种担心是多余的，但是在交易员得到确定的信息之前的一小段时间里，价格可能会飙升。

重要的是要认识到市场基本面的变化，但更重要的是不要太过超前。基本面的分析固然重要，但是还需要借助技术分析、季节性趋势以及对开仓量的分析等方法来帮助选择一个合适的交易时机。

## 9.1 哪些基本面因素重要？

认为哪些基本面因素重要往往见仁见智。下面我们要解释某些最常见的基本面因素，以及如何看待这些因素的影响，从而为决策奠定更为坚实的基础。

影响石油产品价格最基本的因素是欧佩克的产油量及出口量，这两者一度几乎就是同义词。国际能源署（IEA）、美国能源部（DOE）和各大通讯社会在每月的前两周发布上个月的相关信息。美国石油学会（API）周报和美国能源部（DOE）报告中也会公布这些信息。知晓这些数据，了解它们和石油产品之间的联系可以为我们了解市场的整体状况提供有用的背景材料。

### 9.1.1 欧佩克产油国与非欧佩克产油国

来自欧佩克的数据之所以重要，是因为世界上增加的石油产能大多来自欧佩克的 11 个成员国，其中 5 个成员国（阿联酋、科威特、伊朗、伊拉克和沙特）增加的产能更是占据了世界总产能增量的绝大多数，并且拥有全球探明可采储量的 65%。欧佩克其他成员国包括委内瑞拉、利比亚、阿尔及利亚、尼日利亚、印度尼西亚和卡塔尔。

探明可采储量是指在当前油价下可以开采出来有利可图的石油储

量。随着油价的提升，可采储量也会上升。

非欧佩克产油国，包括俄罗斯、英国、挪威、墨西哥、阿曼、埃及、马来西亚和也门等构成了石油增产的第二梯队。但是这些国家的探明可采储量以及相关的基础设施所形成的增产潜力加在一起也比不上欧佩克国家。在欧佩克内部，5个海湾产油国和委内瑞拉都拥有充足的石油储备，为持续增产提供了坚实的基础。欧佩克的其他成员国的石油储量以及开采石油的潜力相对较低，但随着油价提高，产油能力还是会有一定程度的提高。

前六大产油国可以进一步分为两类。第一类中的沙特和委内瑞拉两个国家技术力量雄厚，资金充足，并且石油产量巨大。另外两个国家阿联酋和科威特也不缺乏技术和资金，但却缺乏前两个国家那样的增产动机。

伊朗和伊拉克则是第二类产油国。与第一类的4个国家相比，这两个国家人口众多，国内消费迅速增长，却很难获得西方国家的资金和技术。伊朗和伊拉克都希望增加石油产量，但是得不到充足的资金。伊拉克刚刚从萨达姆·侯赛因多年的暴虐统治中解脱出来，外来投资和民主制度会如何改变这个国家还有待进一步观察。

非欧佩克产油国中发展速度最快的是俄罗斯，它对产油能力的投资已经获得了巨额回报。截至本书写作之时，俄罗斯已经成为欧佩克的最大竞争对手。

9.1.2 每周报告

每周都会由美国石油学会（API）和美国能源部（DOE）分别发布两种关于美国国内石油生产情况的基本面报告。除非因假期而延期，两份报告都会在周三早晨公布。API的数据是按照自愿的原则从其成员公司收集得来，而DOE报告则是强制各石油公司提供的数据。因为法律强制各公司向DOE报告相关数据，因此通常认为DOE的报告更加准确。

### 9.1.3 重点关注

拿到两份报告后，交易员会首先研究每周馏分油、汽油、原油等的库存变化情况，以及炼油厂的开工率。在这些数据公布之前，一些信息提供商会汇总不同分析师和交易员的意见，给出相应的预测数据。每个人都会参考这些数据，包括那些顽固的技术派和图表派交易员。每周储备数据的大幅变化都会对石油市场的价格产生直接影响。

此外，当前储备与去年储备或者多年平均储备的比较也属于这个范畴。

### 9.1.4 次要关注

更详细的信息包括馏分油、汽油、原油的进口量，原油的加工量以及国内原油生产量。这些数据中隐含着市场对于两种成品油的需求。原油进口量、原油加工量与国内原油产量之和可以与原油存货量进行对比分析。分析时可以用下面的公式：

原油库存的实际变化量 = 国内原油产量 + 原油进口量 - 原油日加工量×7

实际上，这个式子左右两端不会完全相等，许多交易员通常会持续记录周报数据与市场实际数据的差值。

为了计算汽油或者馏分油的日消费量，可以使用下面这个公式：

日消费量 = （国内日产量 + 日进口量） - （库存变化量/7）

许多分析师和交易员会计算过去多周平均供应量和需求量，利用各种不同的回归模型或预测模型估计未来的供应量和需求量。预测不同品种消费量所需要的数据见表9-1。

表9-1 预测不同品种消费量所需要的数据

| 商　品 | 供应量方面的数据 | 需求量方面的数据 |
| --- | --- | --- |
| 原油 | 进口量，国内产量 | 原油加工量 |
| 馏分油 | 国内产量与进口量 | 日消费量 |
| 汽油 | 国内产量与进口量 | 日消费量 |

很明显，这里提到的库存水平的参照系应该是上周、去年甚至过去多年的平均数据。

### 9.1.5　最终关注

交易员喜欢参考美国战区石油管理局（PADDs）的存货信息。第二次世界大战期间，每个区域根据过去的使用情况分配到一定数量的油料配额。战后，PADDs 仍然保留了下来这种油料配额惯例。区域的分布情况见表 9-2。

**表 9-2　PADDs 区域分布**

| PADD I | 东海岸各州 |
|---|---|
| PADD II | 中西部地区各州 |
| PADD III | 海湾各州 |
| PADD IV | 洛基山地区各州 |
| PADD V | 西海岸各州 |

如果原油储存量出现了大幅度增加或减少，交易员就会对 PADDs 区域逐一研究。若是 PADD V 区的原油储存量出现了异常变化，其意义不是很大，因为西海岸原油吞吐量巨大，这里是原油的百慕大三角。PADD III 区原油储量的大幅变化通常是由于国内主要炼油商库存的变化导致的。如果 PADD III 区的储量猛增，可能意味着某套装置突然停工，而且没有报告，也可能意味着某些炼油商计划近期增加石油加工能力。

冬季，交易员会研究 PADD I 区的馏分油存量，包括高硫和低硫馏分油存货量，这两者分别可以充当取暖油和柴油。

交易员也会参考重整汽油、普通汽油、调和油以及乙醇汽油存量的详细数据。

### 9.1.6　与存货历史水平的比较

在 20 世纪 90 年代中期，美国炼油工业实行了实时（JIT）存货管理系统，这意味着 1994 年秋季之前的存货数据与现在的数据不具备可比性。在运行过程中，这种系统曾经多次供货不及时，供应油库终端多次出现过航空燃油、取暖油、柴油或者汽油断货长达一天或更长时间的现象。尽管曾出现这样重大的问题，为此而争论不休的股东们最

后仍然坚持采用这种存货管理系统，试图从炼油厂里榨取最后的油水。

## 9.2　交易商持仓周报

商品期货交易委员会每周五下午收盘后都会发布交易商持仓报告。报告将未平仓合约分成三类，见表9-3。第一类是可报告头寸，包括单向多头仓位或者空头仓位，这通常由持仓规模较大的大投机商，即主要是对冲基金持有。第二类则是非可报告头寸，主要是由小规模套利者、小投机者持有的达不到报告级别的小规模头寸。第三类则是商业性头寸，主要是由商品生产企业和商品需求企业持有。

表9-3　交易商持仓报告

| 持仓类别 | 参与者 |
| --- | --- |
| 可报告头寸 | 大投机商、基金、大户 |
| 非可报告头寸 | 小套利者、取暖油经销商、中间商、零售商、小型运输企业 |
| 商业性头寸 | 炼油商、原油生产商、大型贸易商 |

如何分析这些报告

这个问题还会在本书后面的章节中进行探讨，我们在这里先进行初步分析。交易商持仓报告的作用在于罗列各类头寸的相对比例，包括商业性头寸、基金持有的头寸和小规模投机性仓位和套利头寸。

长话短说，在趋势开始转变的初期，商业性账户中可能已经持有了大量获利潜力巨大的头寸，而对冲基金们则持有巨量的对自己不利的头寸。随着趋势的明朗，对冲基金会清掉亏损仓位，开始跟随这一新趋势。商业性参与者会通过调整自己的仓位逐步实现利润。当趋势发展到中期时，对冲基金已经跟随新趋势新开了大量仓位，而商业性交易者开始用金字塔方法逐步反向建仓了。新趋势发展到了尽头，变成了旧趋势，更新的趋势又在形成，这个过程又从头开始了。

那么市场中哪类参与者挣得更多？对冲基金还是商业性参与者？这很难说。以前是对冲基金账户做得好，现在则是商业性账户盈利较好，但是每类账户整体来看都不拥有明确的优势。对冲基金的交易风

格比较激进，商业性账户则采用防御性的交易策略。

如果可报告头寸（对冲基金持有）中的净多头头寸持续增加，多头头寸与空头头寸之比相当高，那么接下来市场可能会面临巨大的抛压。如果此时商业性账户持有巨量净空头头寸，空头头寸与多头头寸之比很高，而且商业性头寸的特点是长期持仓、数额巨大。在这种情况下，两种头寸的共同作用几乎必然会导致市场大幅回调。

相反，如果对冲基金持有巨额净空头头寸，而商业性账户累计了大量净多头头寸，那么很快就能看到市场的暴涨，并可能持续相当长的一段时间。在上涨即将结束的时刻，基金们再一次持有大量的净多头头寸，而商业性账户中则持有净空头头寸。

一个简单的问题是哪一类交易者的交易行为更为频繁，毫无疑问是对冲基金。基金在市场中的行为变幻莫测，而商业性账户中的操作则更为稳重，它们常常报出限价指令，并且采取逐步加仓或者逐步减仓的操作手法。

解释交易商持仓报告目前还是一门不太完善的艺术，经验和努力可以增强我们看穿报告的能力。一般而言，如果未平仓合约的变化方向与价格走势相同，那么价格走势可以得到确认。如果二者变化方向不一致，熊市来也。

# 10 技术分析

## 10.1 技术分析和基本面分析对比

纯粹的技术分析师相信当前的价格中已经充分反映了所有已知的基本面信息。任何重要的引发买卖行为的信息会体现在不断变化的价格中。某些基本面因素确实值得新闻界和分析师关注，但技术派们则只关注那些促使交易员进行交易的信息，这些信息直接影响市场价格。能够吸引媒体注意力的基本面信息很多，但只有那些能够促成新交易，并进一步推动市场价格的基本面因素才有意义。

纯粹的技术派人士认为总有一些他们无法知晓的基本面情况，但那些消息总会在价格变动中留下蛛丝马迹。他们可能无法知道其他交易员为什么交易，但他们可以跟踪其他人的交易活动所产生的影响。

技术派人士相信趋势将会持续下去，直到趋势反转为止。他们认为如果某种基本面因素促使交易员今天买入，那么也会促使他们在明天继续买入。基本面分析师则认为市场价格走势图只能显示基本面因素对昨天价格的影响，也就是说市场价格走势图只能告诉你历史价格，无法预测未来价格。

我们可以用一辆挡风玻璃被蒙上的汽车打个比方。在这个想像中的汽车中，油表数据就是基本面信息，车速表就像不断变化的行情报价。基本面的变化（油量变化）和市场价格（车速）都可能观察到，而且也可能计算出价格变化的趋势（汽车的加速度）。这时，基本面分析师和技术分析师都可能同意趋势决定一切。

1984 年四五月间，每当有消息称，伊朗飞机发射的反舰导弹击中了阿拉伯国家的油轮，油价就会飙升。此时市场是牛市，任何一点对油价的利好消息都会刺激价格上涨。但在当年 6 月份，大量的伊朗原油从被飞鱼导弹击中的油轮中倾泻而出，市场油价却持续下跌，对油轮攻击战漠不关心。基本面逐步改善，价格却一路下滑，这时价格上涨就像逆流而上一样困难，这通常表明市场价格将进一步走低。

在趋势反转之前，市场利空消息的影响被低估了。一旦趋势开始反转，交易员才会真正意识到那些利空消息的作用，对未来的预期也就急转直下。

大多数的交易员认为，如果不能把基本面分析和技术分析结合起来，自己就会像海上浮萍一样无助。这就像开汽车，仅仅给汽车加满油是不够的。在踩油门之前，必须首先弄明白现在是上坡还是下坡。

## 10.2 图表的类型

### 柱状图

最常使用的分析图是柱状图，其绘制方法很简单。从一天价格的最高点到最低点画一条竖直线，并根据收盘价在此线的右边画一条短横线。如果在竖直线的左侧有一条横线，那代表着当天开盘价。图 10－1 给出了一根典型的柱状图。

还有其他类型的图表。点数图（OX 图）只记录股价，不记录时间信息。绘制点数图需要长期坚持才有用。要想解释清楚如何使用点数图，可能需要一整章的篇幅。最近，只有那些狂热的高级交易员，如场内交易员才会使用点数图，但已经很少有人徒手绘制了。

图 10－1 柱状图

在我刚入行时，每天需要手工更新 300 张技术图表，周末还要加班处理那些需要每周更新的图表。现在，每个人都使用计算机，我也不再保留任何手绘图表了，而且我认识的人也都不再这么做了。

人们会想念那些图表吗？当然了，就像黑板和电报一样，它们都是历史的见证，在当时发挥了重要作用。交易员通过手工更新图表能

够更准确地把握市场的脉搏。初学者手头应该手动跟踪 15～30 张技术图表，包括前 3 个月的柱状图、点数图、股市周报、相对强弱指数（RSI）等。另一个有用的办法是记日记或者流水账，真实记录实际操作中所犯错误或一些感悟。对交易员来说，重复犯错误的代价是非常昂贵的，也是非常不应该的。

折线图也是有用的工具。在折线图中，多个高点和低点之间的连线可以把市场情况清晰明了地展现出来。在初学阶段，应该尽可能多接触各种不同的图表，这样可以尽快熟悉市场。最终，综合各种渠道得来的信息做出决定，此时就鸟枪换炮了。

## 10.3  市场价格是如何形成的

我第一次来到期货交易大厅纯属偶然。当时我耳中听到的是大吼大叫，看到的是交易员不停地在做各种手势，弄不懂这个系统是如何运作的。在这种状况下，能够成交，并准确地记录下来简直是个奇迹。考虑到交易大厅里乱糟糟的情况，错账或者交易后不认账的比例可以算是相当低。

期货市场的价格形成机制和股票市场类似，都是经过一系列的讨价还价后，最终达成一致。但是期货市场是公开喊价，而股票市场则是通过做市商达成交易。

在股市中，利用内幕消息进行交易是非法的，而期货市场不存在这个问题，任何消息都可以利用。有些消息确实很有帮助，关键是要先于他人得到消息。但是如果你得到的消息最终没有传到其他人的耳朵里，那么这种消息就没有任何价值，也就是说，市场不知道的消息是没用的。

期货市场中，已经持有仓位的交易员是市场中重要的参与者。那些准备开仓的交易员心情比较放松，而急于退出自己仓位的交易员则比较着急。市场上最急于买进的是那些亏了钱的空头，而出售意愿最强烈的人是那些亏损的多头。他们是市场上最紧张的人。期货交易中

时间宝贵，亏钱的交易员支撑不了太多时间。

无论是否已经清仓，期货头寸的任何损失都是实打实的亏损。每一笔损失都会马上体现在自己的账户上。期货合约的"寿命"要远远短于交易期货的人。由于通常认为期货头寸是用于避险的，期货不属于投资。

期货投机与赌博的唯一区别是投机者承担已有的风险，而赌徒承担人造风险。承担已有风险而不对冲的人就是投机者。在现货市场上持有头寸却未做套期保值的人与那些只持有投机性期货仓位的交易员没有什么区别，本质上都是彻头彻尾的投机者。

## 10.4　趋势分析

在市场走势上叠加或减去某个随机变量，可以构成一个随机化市场走势。看起来这个走势应该与原来的走势有所区别，但实际情况并非如此。随机市场走势与市场走势非常相似，一定有些本质性的因素在支配市场走势。一个很精彩的例子是气温的走势。从气温记录表中可以看出一个地区的气温通常会持续 9、10、15 或者 18 个月高于（或者低于）正常温度，趋势的转变则需要 6 周时间。

石油市场中平均一年有 4 次明显的趋势，有时会有 3 次或者 5 次，其他情况要少得多。

我刚入行时被指定阅读《股票操作手回忆录》这本书，作者埃德文·拉斐尔（Edwin Lefever），是有史以来最伟大的交易员之一杰西·利佛莫尔（Jesse Livermore）的笔名。杰西在 1907 年的股灾中抛售并且做空，并且还在 1929 年 10 月的股市大崩溃中推波助澜，大举做空。他是个天才，不幸的是他最终开枪自杀，死前声称自己的一生是个失败。然而，这本书对于那些希望从事投机生意的人仍然非常重要，而且读来饶有趣味。

书中有个人称"老手帕奇"的人物，他仔细倾听每个人对市场的看法。但每当有人建议他卖出，他总是说："嘿，你知道的，现在是牛

市"。这是他所知道的全部，也是他真正需要知道的。

每天都需要交易的人应该做的第一件事就是每天早上问自己"今天会是什么走势？"，这句话应该用口红写在盥洗室的镜子上，刻在自己的办公桌上，或者写在自己的手掌中。这是每天的第一个问题，也是全天都不应该忘记的问题。要知道，稍一疏忽就可能将这个问题抛在脑后，这将是极度危险的。

试图预测市场未来走势的变化是很自然的想法。这种想法日益强烈，会驱使人们试图提前预测所有的价格变动。一直持仓，直到趋势结束是很困难的。我们可以把跟随市场比喻成一个人骑着一头公牛，持仓的时间越久，说明他做得越好。记住：牛市中的好消息会放大，而熊市中的好消息会被忽略。运动的物体会试图维持自己的运动趋势，市场趋势也是如此。

要记住下面两条规则：

（1）自始至终跟随市场趋势；

（2）价格变化的速度和幅度总是要超出所有市场专家的预期。

这两条原则很有用，但几乎没有人能够坚持。

在恰当的时间和价位建仓是很难的。即使侥幸做到了，几乎可以肯定，不可能在最合适的时机清仓。这给了我们另一条原则：

如果你试图在清仓后以更好的价格重新建仓，那么你最好不要清仓。

试图在清仓后以更好的价格重新建仓的想法几乎没有成功过。市场将会沿着原来的趋势继续发展，而交易员的宝贵时间会在等待市场调整的过程中不断流逝。更糟糕的是，你有可能在趋势即将反转的时刻被迫买回原来清掉的仓位。有时，最好的交易就是不进行交易，不动如山。

交易员做的决定越多，错误的可能也就越多。如上所述，每年石油市场会出现 4 次大的趋势。如果交易员正确地跟随了其中两个趋势，而避开了另外两个可能带来的损失，这一年的收获就很可观。但是世

界上没有哪个交易员能够这么沉得住气，交易员需要交易。其中的道理可以用下面的故事加以阐述。

那是夏季的最后一天，一名冲浪者走上沙滩，准备夏天的最后一次冲浪。他上了船，向海里划去，一小时后他开始准备冲浪。从船上看，远处好像不断涌起大浪，一浪接一浪。冲浪者准备到那个地方冲浪，这总比呆在一个地方傻等好。于是他决定不管下一个浪头怎样，他都要让自己冲上去。他冲上了涌来的浪头，这个浪头看起来平平常常，没有什么特别。他站起身，转身望去，才发现自己大难临头。他愣了一下，立刻潜入水中，拼命向岸边游去。可是一个个浪头向他打来，他绝望地使劲划水，尽管他面前那些浪头只有几英尺高。

冲浪者拼命地游，试图超过海浪，但是此时他就像飓风中断线的风筝一样被汹涌的海浪掀起来，又被抛到了海中。他露出头大口地喘气，拼命拍打着水面，终于胳膊探到了沙地，他仰面躺下，恢复了正常的呼吸。水下的逆流还试图把他向海里拉去，但他把手插入沙中，才得以脱身。

这个关于冲浪的故事对于期货市场很有意义。在市场中应该只关注主趋势，那些为中级趋势分心的交易员会发现自己境况不妙，甚至有可能受到主趋势的伤害。他应该牢记，重要的是跟随趋势，而不是无谓的交易。

过度交易是期货市场中亏钱的最大原因。很多既优秀又有天分的交易员有时也会认为他们的工作就是每天的交易。真正优秀的交易员知道工作的目的不是交易，而是盈利。要想盈利，最好的办法就是每天早上问自己一句："现在趋势如何？"

交易者应该关注什么

交易者总在寻找趋势变换的标识。趋势是变幻莫测的，辨别趋势的经验越丰富越好。最好不要试图招惹趋势。那些试图调整趋势的人，基本上出于对趋势的臆测，而且在趋势明显的市场中效果不佳。趋势就像美国法庭上的被告人一样，交易者必须给出"毫无疑问"的证据来证明

趋势确实已经改变，否则趋势很容易走老路，事实上它确实常常这样。趋势的改变需要时间，一旦改变，它会执拗地持续。

如果盥洗室的镜子上"目前是什么趋势？"这句话的是用借来的口红潦草地划出来的，就没什么值得骄傲了。

跟随趋势的关键是怀疑任何可能使趋势转向的因素。出于某种原因，期货市场似乎采取了拳击比赛中的计点数方法。点数高的拳击手获胜，除非有人被无可否认地击倒。与此类似，趋势总是试图惯性维持，除非技术图形明确指出趋势已经改变。最终，交易者应该坚持跟随当前的趋势，直到他认为趋势反转为止，即便如此，他可能还会等待进一步的确认。

## 10.5　市场阶段

市场总处于下面 4 种阶段之一，如图 10－2 所示。

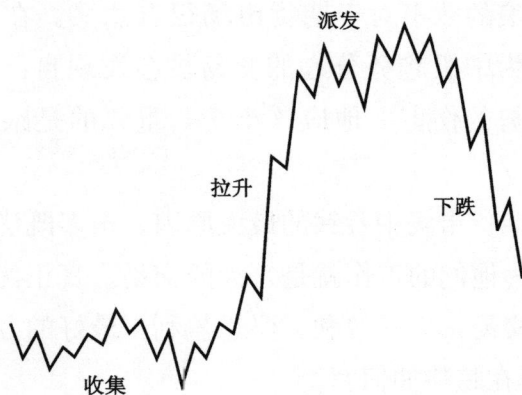

图 10－2　市场阶段

**收集**：这是筑底整固的阶段。在此阶段，预测到未来价格会上升的高手们累积了大量的多头头寸。多头头寸持有者数量下降，但平均持仓规模增加，多头头寸集中在少数高手手中。

**拉升**：价格真正上升的阶段。

**派发**：高手们将他们的大量持仓卖给小投资者，做多的人越来越多，但平均持仓规模持续下降。多头头寸从高手向普通投资者转移。

**下跌**：价格真正下跌的阶段。

据此我们得到了另一条规律：市场总是向不利于大多数人的方向发展。

在期货这样一个零和博弈中，这条规律似乎说不通。毕竟，多头头寸和空头头寸的数量一定是相同的，不是吗？实际上，这并不矛盾。多头合约和空头合约的数量确实相同，但持有两种头寸的投资者人数并不相同。市场总是会伤害那些平均持仓规模较小，但人数众多的那类投资者。

为了说明这一点，举一个例子。当前未平仓合约为100张，全部由某人卖出，而他的交易对手共有100人，每人买入了一张合约。价格将怎么变化？价格会下跌。这100个多头会来个多杀多。

如果出现了恐慌，可能有几十人想要卖出，而只有一个人准备买入。当然买入卖出的交易量还是相等的。如果这100人都准备卖出手中的一张合约，另有一人准备买入100张，那么至少在理论上，市场会形成均衡，但这与实际情况不符。由于卖方是七嘴八舌地报价，而买方只用报一个价格，只要买方不是白痴，他总会以一个很低的价格买入。

这100个投资者必须竞相报低价，使自己的持仓可以优先被买走。如果只有一位买家，他就可以报出一个很低的价格，卖方为了卖出只能接受。

在分析常规开市期间的市场状况时，一定要牢牢记住多空双方的力量对比。如果一半的交易者准备买入，另一半准备卖出，那么价格会保持相对稳定。但如果有四分之一的交易者改变了主意，多空双方的比例突然就变成了不对等的3∶1，这就会导致市场情绪的改变。如果进一步再有5％的交易者改变自己的想法，那么力量对比就成了

4：1，再有 15％的人转变，这个比例就会被推到 10：1。也就是说，交易者意见的微小转变可能会给市场价格带来巨大影响。

在市场底部，卖出的声音要比买入的多得多，正好方便了资本大鳄吸货。在顶部时，买进成为主流声音，但大鳄们却开始化整为零，出货给小投资者。这就是整个市场发展的一个周期。

在 19 世纪 90 年代，坐庄行为屡见不鲜。庄家在股价低迷的时候买入，然后开始拉升，边拉边出货，并在拉升到一定价格后大肆派发。一旦他们出货完毕，就不再支撑股价，于是股价开始暴跌，直到价格足够低，他们再次收集筹码，开始下一轮的炒作。

## 10.6　支撑与阻力

价格倾向于在过去的高点和低点之间逗留一阵子。对这种现象，有两种解释。第一种理论，也是被广泛认可的，理由是走势在这些价格处的胶着区域为交易者提供了一个打平的机会。例如某交易员以22.5美元/bbl 的价格卖出了原油，后来原油涨到了 23 美元/bbl，他亏损 50 美分/bbl。如果价格又回到了 22.5 美元/bbl，他可能会在这个价格平仓，不亏不赚。这样，这个价格就形成了支撑。

另一种理论认为，价格服从某种振动模式，从而决定了高点和低点。尽管我们希望立刻推翻这个理论，但确实有很多例子表明价格可能会在支撑位和阻力位长期徘徊，徘徊的时间明显超过了让投资者打平出局所需的时间。

无论何种原因，支撑位和阻力位确实存在。一定要充分理解他们的两种特性。首先，如果支撑位（总是位于当前价格之下）被穿越到一定程度之后就变成了阻力位。如果阻力位（总是位于当前价格之上）被向上突破之后就变成了支撑位。在石油市场上就多次出现过阻力位和支撑位互换的情况。第二个特性是股价在突破阻力或跌破支撑位后几乎总是要回调。图 10－3 给出了支撑位和阻力位的示例。

在 1995 年 7 月的第二周，8 月份取暖油期货的日内高点分别是

47.30，47.60，47.50，47.45 和 47.55。很明显，在 47.30 到 47.60 之间形成了一个阻力位。在无法突破阻力后，大量的抛盘推动价格一路下跌，并且触发了设于 46 支撑位之下的止损性卖盘，最终跌到了 45.75。7 月 26 日，经过几天的整理后，价格突破了 47.60，然后止损性买盘和技术性买盘将价格推进到 48.60。阻力位提供了卖出的机会，但一旦被突破反而引发买入。支撑位提供了买入的机会，并阻止下跌，不过一旦下跌势头太猛穿越了支撑位，就会引发止损性卖盘。

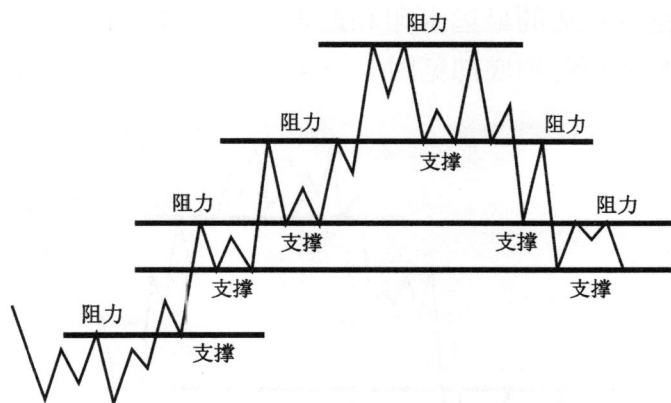

图 10-3　支撑与阻力

　　支撑位和阻力位是比较容易辨别的。首先支撑位和阻力位通常表现为一个价格徘徊许久的区间，而不是一个特定的价格。这个价格区间在过去的股价变动中发挥着防洪堤的作用。如果这个区间曾经反转了价格变动方向，那就更加可以确定了。

　　支撑位和阻力位其实是一回事，他们只是由于相对当前价格的关系不同而得名不同。有时阻力位或支撑位也可能是某个单一价格，但通常都是一个价格区间，如上面例子中的 47.3～47.6 区间。

## 10.7　顶和底

　　将价格看成一个个奔向大海中的水滴有助于我们的理解。价格就

像需要找到自己位置的水滴，而交易者则站在陌生的海滩上，除了那些水印外，看不到任何显示海水涨落的迹象。那些沙滩水印就是我们看到的价格。

在这个例子，站在沙滩上的投资者必须尽快判断出潮水涨落的时间。他可以随机性地认为目前是涨潮或是落潮，但是最好是等到潮水给出海浪已经明显改变的迹象后再判断。如果他一直在观察着沙滩上水印的变化，那么很容易标出海浪在沙滩上形成的最远水印。根据这一点，他可以预测潮水会在何时转向以及向哪个方向转。

涨潮和落潮形成的最远水印和最近水印与能源市场中的顶部和底部类似，常见的顶部和底部见图 10-4。

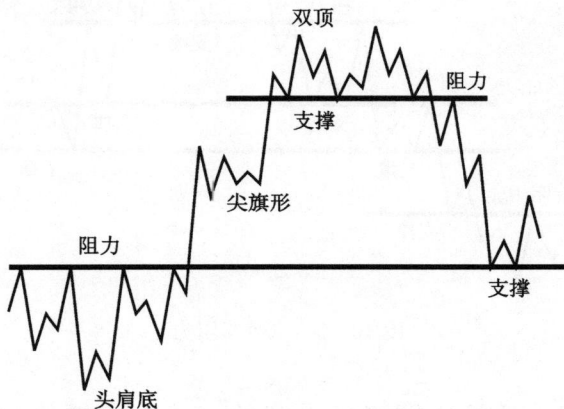

图 10-4　顶与底

最常见的顶部（底部）图形是双顶（双底）和头肩顶（头肩底）。这些图形中，市场总是首先创造一个高点（低点），然后对其进行冲击。在头肩顶（头肩底）形态中，第一次冲击创造一个新高（新低），但第二次冲击则失败了。在双底（双顶）形态中，冲击新低（新高）是以失败告终的。

考虑一下我们那个海浪的例子。涨潮时，水面通常是越来越高，但总有某个时刻在水面涨到最高时，潮水继续上涨的企图失败了，这

就是头肩顶。回头浪到达的位置就是头肩顶形态中的颈线。

一旦某次海水形成的水印只能达到前期的第二高点，那么这就是潮水已经转向的明确信号。这等同于颈线被突破。一旦头肩顶或者双头（头肩底或双底）的颈线被突破，那么，价格沿着新方向的运动幅度至少与原来颈线与顶部（底部）的距离相等。

顶部和底部这类的图形并不像星象图或掌纹那么神秘，它们只不过体现了已经反转的趋势。顶部和底部都是需要一段时间来形成的。为了确认趋势确实反转了，通常需要足够排除任何怀疑的证据。如果还有可疑之处，趋势还是有可能自己延续。没有足够的证据就得出结论不单是危险的而且是不负责任的。

在顶部或者底部，交易量要么特别大，要么特别小。市场的性质开始发生变化，过去价格变化迅速，现在就像患了贫血症一样运动迟缓。过去市场通常以当天最高点附近的价格收盘，现在开始出现冲高回落的现象，收盘价处于当天价格范围的中间区域。这些都是信号。重要的是要站远些，看到更大范围内的价格图表，发掘出这些信号。

## 10.8 顶部和底部的形状

在顶部或底部重复出现的形状有多个，他们都是从支撑位和阻力位概念衍生出来的形状。如果支撑位或者阻力位足够强，就会反击那些突破它们的企图。那些失败的企图就形成了我们常见的形状。

### 10.8.1 圆弧顶和圆弧底

能源价格有时会形成圆弧顶，但较少形成圆弧底。他们的出现说明支撑位或者阻力位正在形成，随后价格通常会出现持续性的巨大变化。图10-5描述了一个圆弧底。

### 10.8.2 关键反转和岛形反转

这类形状通常标志着中期顶部或中期底部，而不是长期顶部或长期底部。这些形态在石油期货上通常不太完整，常常在经历了

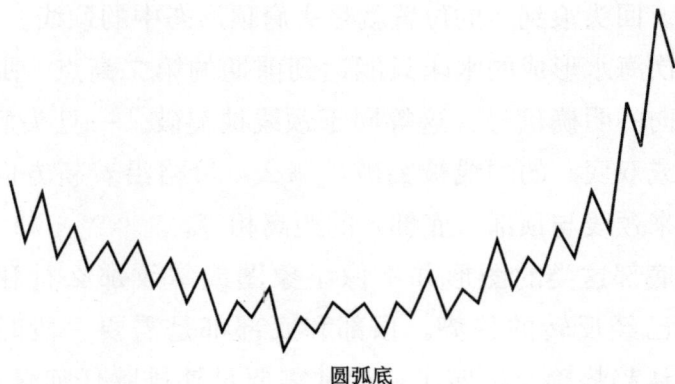

圆弧底

图 10－5　圆弧底

10 天到两周的整理后出现。这些形态在猪肉期货中表现最好。关键反转和岛形反转通常是趋势反转的初步迹象，尽管这种反转不一定能确立。图 10－6 描述了 3 种反转类型。

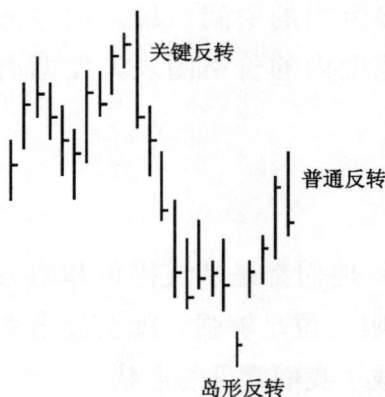

关键反转

普通反转

岛形反转

图 10－6　反转

顶部关键反转日的定义是，市场在同一天的上升趋势中创出新高，然后走软，并实际上收在前一日的收盘价之下。底部反转日则是在盘中创出新低，然后高收。要成为真正的反转日还需要大量换手率的配合。

岛形反转通常由两个缺口以及两个缺口之间的数个交易日组成。第一个缺口是某种衰竭缺口，第二个则是会引导后续价格的突破缺口。这些形状很少出现在价格的最高点和最低点，而是更多地出现在中期高点和低点。

### 10.8.3　双顶和双底

双顶和双底是可靠的趋势反转信号。它们是在趋势市场中创新高或者新低的企图失败后形成的。技术派交易者会狠狠地报复那些失败的试图创新高或新低的企图。

在图 10-7 中，第二高点仅略高于第一个高点，这是很常见的。场内交易商通常在价格刚刚冲破前面的高点时进行了止损，但随之却开始手足无措。图 10-7 中可以看到双顶后面的双底。

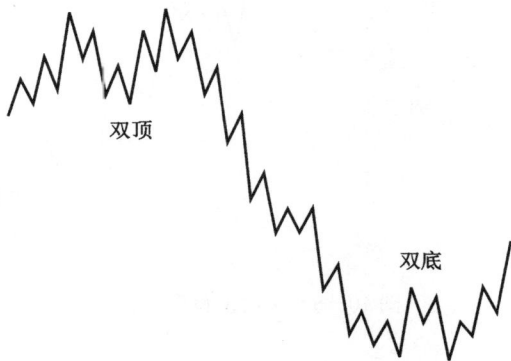

图 10-7　双顶和双底

### 10.8.4　头肩形

头肩顶和头肩底是双顶和双底的变形。紧随头肩顶第一个肩的是另一个新高构成的头，第二个肩则是试图再创新高失败后形成的。头肩底就像头肩顶的镜像。双顶（双底）和头肩顶（头肩底）在能源市场上是很常见的形态。能源市场在转向之前通常会先考验一下前期高点或低点。图 10-8 中是头肩顶和头肩底的示例。

交易者常常将两个肩部的"腋窝"之间的联线称为颈线。交易者会量出颈线到头部（底部）的距离，然后将下跌（上涨）的目标位定位在颈线以下（以上）同样距离的位置。

### 10.8.5　V 形顶（底）

图 10-9 是一个 V 形底，它代表市场情绪的突然改变。

能源价格确实会出现 V 形顶或者 V 形底，有时它们和关键反转或者岛形反转一起出现。类似的 V 形顶或 V 形底是市场情绪突然变化的指示器，而且它们伴随着巨大的交易量。当欧佩克突然宣布改变产量、战争突然爆发或者出现未预测到的恶劣变化时，常常出现

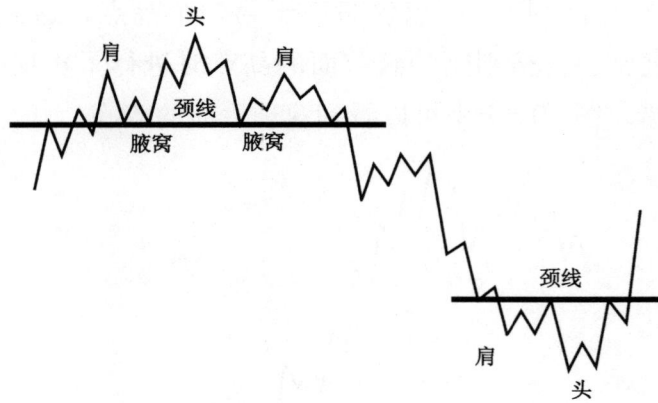

图 10-8　头肩顶和头肩底

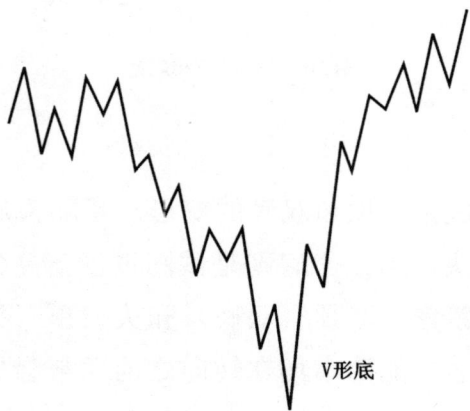

图 10-9　V形底

这些形态。

### 10.8.6　旗形和尖旗形

　　尖旗形和旗形都是持续形态，而且很适合测算推断。旗形和尖旗形被称作在旗杆的"一半处飘扬"。旗杆就是先前陡直的上升或下降。"一半处"这个词意味着，这些小持续形态往往出现在整个运动的中点。一般来说，趋势恢复后的市场运动将复制旗杆或形态构造前的运动（图 10-10）。

　　例如：取暖油的价格从 46.00 美分/gal 涨到了 48 美分/gal（旗杆

A)，然后形成了尖旗形，尖旗形
的第三点是 47.5 美分/gal。首先
计算出旗子的高度是 2 美分/gal，
然后加在尖旗形的第三点的价格
上，得到价格沿着旗杆 B 发展的
目标价位为 49.5 美分/gal。在旗
形和尖旗形这两种形态中，旗杆
A 和旗杆 B 的长度通常相等。

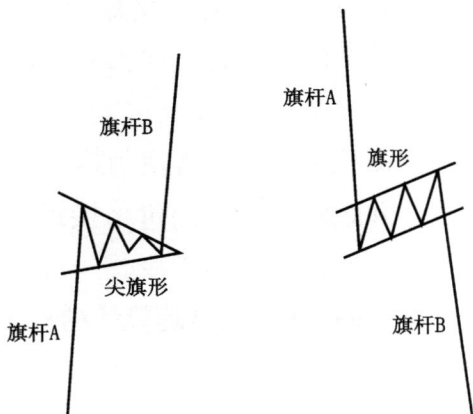

图 10-10　旗形和尖旗形

10.8.7　缺口

　　图 10-11 中有 3 种缺口。第
一种是突破缺口，在市场完成了
主要的整固形态之后，对阻力位的突破经常以突破缺口出现。这是一
类非常可靠的信号。

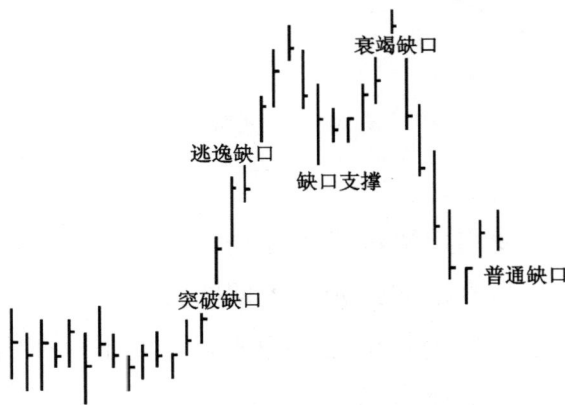

图 10-11　缺口

　　第二类缺口是普通缺口，通常认为这种缺口没有什么特殊意义。
一些交易者认为这些缺口总会被填补，然而实际情况不一定如此。普
通缺口确实可能成为有效的支撑位或者阻力位。

　　第三类缺口是衰竭缺口，这类缺口出现在接近市场重要顶部或者

底部的地方。它们通常是最后的空头翻多或者最后多头反空的信号。在那些赔钱的交易者认赔出局后，这些缺口就出现了。

### 10.8.8 趋势线

许多技术派交易者使用趋势线辅助自己交易。同样要注意找到趋势线，并跟随趋势。当价格接近趋势线时，交易者会买入，并且在趋势线的下方设置止损指令。一旦趋势线被突破，那些止损指令就会开始卖出。图 10 - 12 是趋势线的一个例子。

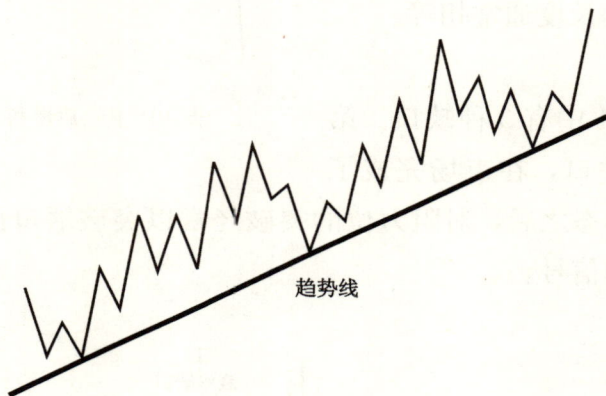

图 10 - 12　趋势线

### 10.8.9 移动平均线

许多交易者都使用期货价格的移动平均线帮助自己判断当前的趋势。判断方法是相当直接的，如果短期的移动平均线高于较长期的移动平均线，那么趋势向上；反之，趋势就是向下。在简单方法之外还有许多改进后的方法，例如逐日对当天价格和移动平均线进行比较。它们还可以用于计算超买或者超卖指标。总的来说，所有的移动平均分析总是离不开对短期移动平均和长期移动平均的比较。

移动平均可以发掘出主要的中期趋势，但常常会对短期趋势给出错误的信号，因此必须选择合适的移动平均线，敏感到足以产生早期信号，但又迟钝到足以避开大部分的错误信号。这是使用移动平均线选择自己的头寸时最困难的地方：选择合适的时间框架，以及计算移

动平均的最佳天数。

在石油市场上，两天、3天和8天移动平均线的使用效果较好。更长时间的移动平均线不能及时发现新的价格变化趋势。只有所有的趋势线都转变发展方向，我们才认为趋势改变了。除此之外，前一天的收盘价演示是有参考价值的。换句话说，如果两天移动平均线位于3天移动平均线之上，并且二者都在8天移动平均线之上，那么这就处于上涨趋势。除非第二天的收盘价低于全部的3条移动平均线，否则我们会一直认为这个趋势仍在延续。如果在某一天，两天移动平均线低于3天移动平均线，而且两者都低于8天移动平均线，那么趋势就是转而向下。

为了成功使用移动平均线，必须忽略其他的外界条件，严格遵守移动平均线之间的关系规律。很难利用平均线来实现买在最低，卖在最高，但这些工具不会让交易者错失大的交易机会。交易者会在下跌趋势中卖出，在上升趋势中买入。

移动平均线很难与其他指标配合使用，大多数成功的交易者要么虔诚地把移动平均线当作宗教信仰，要么根本不使用。

## 10.9　反向指标

上一次大多数人一起做的正确事情，就是选举了老罗斯福总统。即便这样，第二次选他也选错了。

—— 一个铁杆逆向投资者

这就是逆向分析背后的基本假设。它主要基于下面的信念：即使对所有因素充分考虑，并进行了正确推理，大多数的交易者仍然是错误的。逆向投资者相信大多数的投资者几乎总是错误的，如果有太多的人同意他的看法，他一定会感觉不安。他们最常问的一个问题就是为什么大多数人没有富起来，他们认为这个世界不会让所有人同时富裕。

逆向分析的基础理论是只有交易者建好了头寸后才会向外界透露

自己的计划。然而，他们在周一透露自己正在做多通常不是为了在周二买入，而更可能是在周一已经买入了。一旦他们已经建仓完毕，那么唯一可做的事情就是在某一时刻出货。他们希望能卖个好价钱，但如果想卖出的多头太多，卖价可能不会太好。

有时，在重要报纸的头版或者电视的头条新闻中报道过某商品价格创新高或新低后，几天后价格通常会反转。这种令人震惊的相关性超过了90%。这些报道就是非常可靠的典型的逆向指标。

### 超买与超卖

当价格过度上升或下降时就形成了超买或超卖。一个市场处于超买或者超卖状态时就像过度拉伸或者过度压缩的弹簧，它早晚得恢复。

市场向一个方向的过度拉伸就预示着价格已经做好了向另一个方向反转的准备。有很多指标可以用来度量超买和超卖的程度。简单的指标可能是移动平均线的简单变形，复杂的指标则是根据繁杂的公式计算出来的。

## 10.10　相对强度指数

相对强度指数（RSI）由威尔斯·怀尔德（Welles Wilder）提出，是目前极度流行的技术指标。该指标不仅可以用于度量超买和超卖的程度，还可以作为股价波动的动量指标和速度指标。

当 RSI 上升到了 80% 或者下降到了 20%，常常意味着价格已经处于重要顶部或者底部。这个规则对于不同的期货合约会略有变化，但总体都是成立的。RSI 同时也是一个良好的动量指标。如果原油今天以 16.5 美元收盘，RSI 是 35%，两周前价格曾摸高 17 美元，RSI 为 20%，那么今天的价格比两周前的价格更为强势，这就是所谓的底背离，表示马上会走牛。如果两周前的交易价格是 16.5 美元，RSI 是 35%，而今天收盘价是 17 美元，RSI 是 20%，那么这就是顶背离，预示马上会走熊。

### 媒体的作用

记者的任务是解释市场上发生的一切。如果价格走高了，他们需

要知道为什么价格会上升，但他们通常对于那些预测何时趋势改变的理论不感兴趣。在 1987 年股市大崩溃前的那个周五，所有的媒体都极度看好后市，而在崩溃后的第二天，媒体的看法均出现了 180 度大转弯，他们开始将所有的事情都看成是市场走熊的信号。他们认为经济的基本面开始变差，市场已经走到了尽头，确实应该回调了。媒体通常只关心市场的最新动向，如果市场上涨，他们会强调利好因素；当市场疲软时，他们就只关注利空消息。

如前所述，市场即将转向的最可靠信号来自媒体。报纸杂志的头版或者晚间新闻的头条新闻通常意味着本轮行情的结束。

让我们看一下整个场景。

油价低迷的时候，大多数的经纪人、交易者以及分析师都看淡市场前景，关于市场的报道通常出现在报纸的最不起眼的版面上。这时价格开始上涨。渐渐地开始有媒体看涨，但 90％的仍然认为继续走熊的概率很大。市场报道出现的位置开始上升。随着价格的持续上升，开始有 30％的媒体看好，对市场的报道也慢慢向头版靠近。

价格走势越来越强劲，最终有 90％的媒体开始看多，报道也越来越密集，大量的报道都集中在那些支持价格上涨的利好消息。最后，报道出现在头版头条，所有的利好消息都放出来了。记者和分析师们都在试图解释为什么价格还会继续上涨。

就在门外汉们都开始知道价格上涨的"真正原因"时，价格却几乎已经不可能再继续这样发展。一旦那些领取微薄退休金的老人都准备开始投资时，那么市场的走势肯定要出现问题。一旦关于某种商品期货的新闻同时出现在报纸、杂志、网站的醒目位置，那么这个市场的趋势一定会在 10 天之内转向。

## 10.11 交易量及未平仓量

通常认为那些伴随着巨大交易量出现的信号应该得到更多重视，这在某种程度上是对的。巨量通常出现在顶部和底部，在价格拉升和

下降阶段交易量较小。长期缩量下跌（上涨）后的放量上涨（下跌）是市场趋势即将反转的可靠信号。

如果有两天价格变化幅度相同，但方向相反，那么交易量较大的那天通常被认为更能预示未来市场走向。分析交易量是一门艺术，而不是科学，经验是非常重要的。

未平仓量的解释是很直观的。如果未平仓量与价格同向变动（无论上涨还是下跌），市场总体还是牛市。如果未平仓量与价格反向变动，那么市场处于熊市。如果价格上升伴随着持仓量增加，代表未来将会有更多的空头平仓，进一步推动价格上涨。如果价格下跌的同时未平仓量减少，说明很多多头已经平仓离场，这预示市场即将走强，至少是走出弱势的一个准确标志。

伴随着价格上涨，未平仓量的减少通常代表空头主动或被动的回补。回补完毕后价格一般会下降，直到有新的投资者重新开始买入。如果价格较低但未平仓量开始增长，说明空头大量出售合约，短期内价格还可能下跌。

## 10.12    交易商持仓报告

美国商品期货交易委员会每周都会发布报告，公布各类交易者，包括对冲基金、小投机商、套利者以及套期保值者等所持有的未平仓合约状况。这些信息是非常有用的。

对冲基金存在的目的是挣钱，它们的交易通常基于多种瞬息万变的因素。如果技术角度或者某些新闻改变了这些大玩家对市场的看法，他们会迅速作出反应，并且对市场产生较大影响。如果市场上的小投机者或套期者太多，此时可能会有非常多的小单子蜂拥而出，这对那些喊价的场内经纪人的肺活量是个艰巨的考验。

套期保护者参与交易是因为他们需要买卖实物商品。他们参与市场是出于实际经营的需要，不太可能会因为每天价格的变动或各种谣言而随意地退出交易。结果，仅仅因为它们改变自己头寸的频率较低，

市场的变动通常都有利于它们。与参与了实物油品计划的套期保值者相比，投机者更频繁地改变自己的主意。

在市场有明确趋势时，投机者通常在市场下跌时做空，市场上涨时做多，而套期保值者通常会在价格下跌时增加自己的多头头寸，在价格上涨时则增加自己的空头头寸。如果投机性的空头指令与套期保值性的做多指令势均力敌，价格会回稳。如果做空能量过大，价格会下挫。而且，投机性买卖可能会在几周内一直影响价格。

另一个需要关注的指标是投机性的多头头寸与空头头寸比率，当它超越合理的水平时，市场的变化可期。只要未平仓量随着市场趋势的延续一直增加，那么趋势还有望延续，直到未平仓量高到荒谬为止。关注未平仓量和交易量的每天变化，然后试图将它们融入大的技术体系中，对交易者来说是很重要的。

# 11 季节趋势与市场心理

## 11.1 取暖油

3月份是石油产品交易最惊心动魄的月份之一。通常认为油价会在3月份的前半个月处于明显的季节性低点。2003年2月，油价没有像往常那样下降，因为交易者考虑到针对伊拉克的战争很可能爆发。一般说来，2月份是市场最为疲软的时期。

对取暖油的研究已经很充分了，因为它有最长的交易记录。尽管上面的季节特性对汽油也成立，但通常认为它主要是取暖油的特性。基于这种季节特性的交易策略的效果将通过下面的例子演示。

表11-1给出了过去24年中6月份取暖油的价格，并对季节趋势进行简单的检验。对号代表符合季节趋势（3月份的价格最低），等号代表3月份和4月份的价格差不多，错号代表3月份的价格最高。

表11-1　6月份取暖油的期货价格　　　单位：美分/gal

| 年　　份 | 3月1日 | 4月1日 | 4月15日 | 5月1日 | 5月15日 | 结　　果 |
|---|---|---|---|---|---|---|
| 2003 | 86.28 | 72.45 | 72.88 | 69.10 | 75.04 | × |
| 2002 | 59.10 | 68.94 | 63.84 | 67.42 | 67.79 | √ |
| 2001 | 69.89 | 67.01 | 79.23 | 76.47 | 76.63 | √ |
| 2000 | 71.57 | 65.85 | 62.93 | 67.44 | 77.25 | √ |
| 1999 | 33.05 | 43.40 | 43.08 | 44.47 | 42.95 | √ |
| 1998 | 42.92 | 43.83 | 44.28 | 45.78 | 41.64 | √ |
| 1997 | 52.99 | 53.95 | 53.89 | 54.33 | 56.48 | √ |
| 1996 | 53.42 | 57.08 | 62.62 | 54.16 | 54.81 | √ |
| 1995 | 46.44 | 47.47 | 48.79 | 51.09 | 49.86 | √ |
| 1994 | 45.55 | 45.80 | 47.40 | 47.57 | 47.81 | √ |

| 年　份 | 3月1日 | 4月1日 | 4月15日 | 5月1日 | 5月15日 | 结　果 |
|---|---|---|---|---|---|---|
| 1993 | 55.79 | 56.25 | 55.83 | 55.88 | 54.08 | = |
| 1992 | 50.12 | 53.97 | 55.00 | 56.70 | 57.18 | √ |
| 1991 | 50.49 | 52.18 | 56.32 | 54.27 | 55.52 | √ |
| 1990 | 53.56 | 54.51 | 51.19 | 52.97 | 51.72 | √ |
| 1989 | 46.94 | 50.62 | 52.25 | 49.46 | 49.87 | √ |
| 1988 | 41.33 | 44.84 | 48.44 | 45.95 | 47.98 | √ |
| 1987 | 43.33 | 48.92 | 47.44 | 48.15 | 51.89 | √ |
| 1986 | 38.33 | 35.33 | 37.66 | 40.56 | 43.62 | √ |
| 1985 | 68.40 | 74.50 | 73.90 | 71.89 | 70.32 | √ |
| 1984 | 77.20 | 77.31 | 78.01 | 78.63 | 81.37 | √ |
| 1983 | 70.24 | 75.81 | 77.60 | 78.33 | 76.68 | √ |
| 1982 | 75.34 | 77.69 | 86.98 | 89.32 | 92.90 | √ |
| 1981 | 96.95 | 95.10 | 96.50 | 91.49 | 92.46 | × |
| 1980 | 78.25 | 77.00 | 77.85 | 78.00 | 78.30 | = |

## 11.2　交易策略

在3月份的前两周买入取暖油期货，然后在5月中旬之前卖出，通常会有盈利。在某些年份里，最好在4月份卖出，而不是等到5月中旬。卡麦隆汉诺威公司会向客户提供购买计划表，详细规定如何在3月份前两周内分配每天的购买量。如果客户需要买入10张合约，在10个交易内完成，那么每天买入一张，就像每天服用复合维生素片那样。如果客户需要买入50张合约，同样在10天内完成交易，那么就每小时买入1张合约。一旦在4月份出现了赢利的价格，客户就可以开始兑现。超卖指标可以帮助决定卖出的数量和时间。

这个交易策略最大的问题是卖出时机的选择。没有一个一劳永逸的法则来告诉交易者最好什么时候卖出。同时，交易系统中也没有给

出止损点，也就无法指导交易者如何避免巨额损失，因此最好将它当成长期交易策略。

在表11-1中列出的24年中，这种策略仅仅在两年中会导致重大损失，在另外3年中盈亏平衡（尽管有机会获利了结），在剩下的19年里确实都挣到了钱。从比例上来说，8.33%的错误率，12.50%不确定，79.17%的"正确率"。正确率是带引号的，因为在过去7年当中的两个年度里客户需要运气和时气。但无论如何，对幸运的交易商而言，这些年都是赢利的年份。

在过去24年中，大多数年度里的盈利足以弥补其他年份的亏损。出现重大损失的是1981年和2003年。在1981年，取暖油期货初次开始交易，没有任何季节性趋势的历史，因此也没有理由根据这个交易策略来交易。在2003年，同样没有理由根据这个策略来交易，因为美国正准备入侵伊拉克，对战争的担忧已经在2月份就推高了油价。这是开始依据前面的策略交易以来唯一的一次例外。战争扭曲了季节性趋势。

**交易策略的变化**：基本交易策略还有许多变种，这些变种的交易策略更为清晰，更适合那些有着严格交易纪律的交易者。

**短期交易**：这种策略要求在3月1日全仓买入，在4月1日卖出半仓，在4月15日卖出半仓。表11-2给出了交易策略的结果。

在24年中的18年里，上述交易策略实现了盈利，其他6年中则出现了亏损。不考虑交易佣金和费用的情况下，24年来不折不扣地执行这个交易策略总共可以得到43.95美分/gal，即每张合约20727.00美元的净利润，即平均每年2.06美分/gal的净利润。遭受的最大损失则是在2003年的13.61美分/gal和2000年的7.18美分/gal。最大的盈利是在1999年的10.19美分/gal。剔除这些年份之后，最大的损失是1986年的1.84美分/gal，最大的收益则是1982年的6.99美分/gal。油价波动剧烈的年份1999年、2000年以及2003年则显著增加了这种策略的不确定性。

表 11-2　6 月份取暖油的短期交易价格　　　　单位：美分/gal

| 年　　份 | 3月1日 | 4月1日 | 4月15日 | 平　　均 | 利　　润 | 结　　果 |
|---------|--------|--------|---------|---------|---------|---------|
| 2003 | 86.28 | 72.45 | 72.88 | 72.67 | -13.61 | × |
| 2002 | 59.10 | 68.94 | 63.84 | 66.39 | +7.29 | √ |
| 2001 | 69.89 | 67.01 | 79.23 | 73.12 | +3.23 | √ |
| 2000 | 71.57 | 65.85 | 62.93 | 64.39 | -7.18 | × |
| 1999 | 33.05 | 43.40 | 43.08 | 43.24 | +10.19 | √ |
| 1998 | 42.92 | 43.83 | 44.28 | 44.05 | +1.13 | √ |
| 1997 | 52.99 | 53.95 | 53.89 | 53.92 | +0.93 | √ |
| 1996 | 53.42 | 57.08 | 62.62 | 59.85 | +6.43 | √ |
| 1995 | 46.44 | 47.47 | 48.79 | 48.13 | +1.69 | √ |
| 1994 | 45.55 | 45.80 | 47.40 | 46.60 | +1.05 | √ |
| 1993 | 55.79 | 56.25 | 55.83 | 56.04 | +0.25 | √ |
| 1992 | 50.12 | 53.97 | 55.00 | 54.48 | +4.36 | √ |
| 1991 | 50.49 | 52.18 | 56.32 | 54.25 | +3.76 | √ |
| 1990 | 53.56 | 54.51 | 51.19 | 52.85 | -0.71 | × |
| 1989 | 46.94 | 50.62 | 52.25 | 51.43 | +4.49 | √ |
| 1988 | 41.33 | 44.84 | 48.44 | 46.64 | +5.31 | √ |
| 1987 | 43.33 | 48.92 | 47.44 | 48.18 | +4.85 | √ |
| 1986 | 38.33 | 35.33 | 37.66 | 36.49 | -1.84 | × |
| 1985 | 68.40 | 74.50 | 73.90 | 74.20 | +5.80 | √ |
| 1984 | 77.20 | 77.31 | 78.01 | 77.66 | +0.46 | √ |
| 1983 | 70.24 | 75.81 | 77.60 | 76.70 | +6.46 | √ |
| 1982 | 75.34 | 77.69 | 86.98 | 82.33 | +6.99 | √ |
| 1981 | 96.95 | 95.10 | 96.50 | 95.80 | -1.15 | × |
| 1980 | 78.25 | 77.00 | 77.85 | 77.42 | -0.83 | × |

　　我们不推荐在 2003 年使用这种策略，因为那时取暖油的价格刚刚从每加仑 1.31 美元的历史新高向下滑落，美军即将推翻萨达姆·侯赛因在伊拉克的统治。很明显，这时候季节性趋势的影响不可能超过这样极端的国际政治事件的影响。

　　**较长期交易策略：**这种交易策略要求在 3 月 1 日买入半仓，在 4 月 1 日买入另外半仓，在 5 月 15 日全部卖出。这种策略在过去的 24 年中盈利 17 次，在未扣除佣金和费用的前提下，总共获利 63.16 美

分/gal，即每张合约获利 26527.20 美元。每年的平均收益则是 2.63 美分/gal，最大的损失是 1981 年的 4.54 美分/gal。最大的盈利则是 1982 年的 12.80 美分/gal。

这种策略在短期策略失败的 6 年中的 3 年里获得了成功，并且在最近 5 年中的 3 年里的表现超过了短期策略。在 1998 年，如果在 5 月 1 日卖出，而不是在 5 月 15 日卖出的话，结果会好得多，但这样就偏离了交易纪律的要求。较长期交易策略每年的结果见表 11-3。

**表 11-3  6 月份取暖油长期交易价格**　　　　　　　　单位：美分/gal

| 年　份 | 3 月 1 日 | 4 月 1 日 | 平　　均 | 5 月 15 日 | 利　润 | 结　果 |
|---|---|---|---|---|---|---|
| 2003 | 86.28 | 72.45 | 79.37 | 75.04 | - 4.33 | × |
| 2002 | 59.10 | 68.94 | 63.90 | 67.79 | + 3.89 | √ |
| 2001 | 69.89 | 67.01 | 68.45 | 76.63 | + 8.18 | √ |
| 2000 | 71.57 | 65.85 | 68.71 | 77.25 | + 8.54 | √ |
| 1999 | 33.05 | 43.40 | 28.23 | 44.47 | + 6.24 | √ |
| 1998 | 42.92 | 43.83 | 43.38 | 41.64 | - 1.74 | × |
| 1997 | 52.99 | 53.95 | 53.47 | 56.48 | + 3.01 | √ |
| 1996 | 53.42 | 57.08 | 55.25 | 54.16 | - 1.09 | × |
| 1995 | 46.44 | 47.47 | 46.95 | 51.09 | + 4.14 | √ |
| 1994 | 45.55 | 45.80 | 45.68 | 47.57 | + 1.89 | √ |
| 1993 | 55.79 | 56.25 | 56.02 | 55.88 | - 0.14 | × |
| 1992 | 50.12 | 53.97 | 52.04 | 56.70 | + 4.66 | √ |
| 1991 | 50.49 | 52.18 | 51.33 | 54.27 | + 2.94 | √ |
| 1990 | 53.56 | 54.51 | 54.04 | 52.97 | - 1.07 | × |
| 1989 | 46.94 | 50.62 | 48.78 | 49.46 | + 0.68 | √ |
| 1988 | 41.33 | 44.84 | 43.08 | 45.95 | + 2.87 | √ |
| 1987 | 43.33 | 48.92 | 46.13 | 48.15 | + 2.02 | √ |
| 1986 | 38.33 | 35.33 | 36.83 | 40.56 | + 3.73 | √ |
| 1985 | 68.40 | 74.50 | 71.45 | 71.89 | + 0.44 | √ |
| 1984 | 77.20 | 77.31 | 77.26 | 78.63 | + 1.37 | √ |
| 1983 | 70.24 | 75.81 | 73.03 | 78.33 | + 8.30 | √ |
| 1982 | 75.34 | 77.69 | 76.52 | 89.32 | + 12.80 | √ |
| 1981 | 96.95 | 95.10 | 96.03 | 91.49 | - 4.54 | × |
| 1980 | 78.25 | 77.00 | 77.63 | 78.00 | + 0.37 | √ |

**简单长期交易**：这种策略要求在 3 月 1 日全仓买入，5 月 15 日全仓卖出。这种策略在过去的 24 年里成功 19 次，净收益达到了 74.70

美分/gal，即每张合约 31374.80 美元（未扣除交易佣金和费用）。在 2003 年战争导致价格下跌以前，这种策略导致的最大损失是 1981 年的 5.46 美分/gal，最大的盈利则是 1982 年的 13.98 美分/gal。严格遵守这个交易策略的交易者平均每年可以获利 3.11 美分/gal，每年的具体结果可以见表 11-4。

表 11-4　6 月份取暖油简单长期交易价格　　　单位：美分/gal

| 年　份 | 3 月 1 日 | 5 月 15 日 | 利　润 | 结　果 |
|---|---|---|---|---|
| 2003 | 86.28 | 75.04 | -11.24 | × |
| 2002 | 59.10 | 67.79 | +8.69 | √ |
| 2001 | 69.89 | 76.63 | +6.74 | √ |
| 2000 | 71.57 | 77.25 | +5.68 | √ |
| 1999 | 33.05 | 42.95 | +9.90 | √ |
| 1998 | 42.92 | 41.64 | -1.28 | × |
| 1997 | 52.99 | 56.48 | +3.49 | √ |
| 1996 | 53.42 | 54.16 | +0.74 | √ |
| 1995 | 46.44 | 51.09 | +4.65 | √ |
| 1994 | 45.55 | 47.57 | +2.02 | √ |
| 1993 | 55.79 | 55.88 | +0.09 | √ |
| 1992 | 50.12 | 56.70 | +6.58 | √ |
| 1991 | 50.49 | 54.27 | +3.78 | √ |
| 1990 | 53.56 | 52.97 | -0.59 | × |
| 1989 | 46.94 | 49.46 | +2.52 | √ |
| 1988 | 41.33 | 45.95 | +4.62 | √ |
| 1987 | 43.33 | 48.15 | +4.82 | √ |
| 1986 | 38.33 | 40.56 | +2.23 | √ |
| 1985 | 68.40 | 71.89 | +3.49 | √ |
| 1984 | 77.20 | 78.63 | +1.43 | √ |
| 1983 | 70.24 | 78.33 | +8.07 | √ |
| 1982 | 75.34 | 89.32 | +13.98 | √ |
| 1981 | 96.95 | 91.49 | -5.46 | × |
| 1980 | 78.25 | 78.00 | -0.25 | × |

## 11.3 汽油

普通无铅汽油从 3 月初开始的价格变化趋势比取暖油更为明显。根据 3 月的前两周买入，5 月 15 日之前卖出这样一个模糊的交易策略，可以在过去 19 年中的 18 年获得盈利，盈利概率 94.7%，这样的结果是令人振奋的。唯一失败的年份是 2003 年，当年汽油价格在伊拉克战争爆发前的 2 月和 3 月急剧上涨。表 11-5 给出了实际结果。

表 11-5　6 月份普通无铅汽油模糊交易结果　　单位：美分/gal

| 年　　份 | 3 月 1 日 | 4 月 1 日 | 4 月 15 日 | 5 月 1 日 | 5 月 15 日 | 结　　果 |
|---|---|---|---|---|---|---|
| 2003 | 103.39 | 85.22 | 84.56 | 79.02 | 86.73 | × |
| 2002 | 71.26 | 84.37 | 78.33 | 80.48 | 78.82 | √ |
| 2001 | 85.19 | 87.98 | 100.70 | 105.84 | 100.36 | √ |
| 2000 | 88.10 | 81.55 | 78.95 | 83.27 | 96.79 | √ |
| 1999 | 40.03 | 52.89 | 52.16 | 55.19 | 52.00 | √ |
| 1998 | 52.15 | 52.11 | 52.74 | 54.29 | 50.75 | √ |
| 1997 | 61.63 | 62.31 | 61.47 | 62.63 | 64.38 | √ |
| 1996 | 57.66 | 64.59 | 69.12 | 67.42 | 67.20 | √ |
| 1995 | 55.89 | 57.60 | 60.76 | 64.15 | 64.90 | √ |
| 1994 | 46.83 | 47.62 | 50.78 | 50.47 | 51.17 | √ |
| 1993 | 60.36 | 61.22 | 60.95 | 61.81 | 59.12 | √ |
| 1992 | 60.15 | 63.13 | 60.61 | 64.69 | 63.68 | √ |
| 1991 | 61.67 | 63.71 | 70.21 | 70.83 | 69.08 | √ |
| 1990 | 62.57 | 64.95 | 59.55 | 61.03 | 63.51 | √ |
| 1989 | 53.59 | 65.00 | 68.21 | 72.61 | 66.09 | √ |
| 1988 | 45.27 | 49.00 | 52.15 | 49.37 | 52.73 | √ |
| 1987 | 49.02 | 54.04 | 51.55 | 52.15 | 55.48 | √ |
| 1986 | 39.90 | 37.80 | 43.30 | 50.40 | 53.35 | √ |
| 1985 | 73.50 | 80.70 | 81.10 | 79.85 | 80.00 | √ |

**交易策略的变化：** 任何在 3 月初买入，3 月后卖出的策略均可行。4 月 1 日后的任何一天卖出均可。最好的策略变化是在 3 月 1 日全仓买

入，在 5 月 1 日卖出半仓，在 5 月 15 日卖出剩余的半仓，实际导致的
结果见表 11 - 6。

表 11 - 6　6 月份普通无铅汽油交易策略变化后的结果　单位：美分/gal

| 年　　份 | 3 月 1 日 | 5 月 1 日 | 5 月 15 日 | 平　　均 | 利　　润 | 结　　果 |
|---|---|---|---|---|---|---|
| 2003 | 103.39 | 79.02 | 86.73 | 82.88 | − 20.51 | × |
| 2002 | 71.26 | 80.48 | 78.82 | 79.65 | + 8.39 | √ |
| 2001 | 85.19 | 105.84 | 100.36 | 103.10 | + 17.91 | √ |
| 2000 | 88.10 | 83.27 | 96.79 | 90.03 | + 1.93 | √ |
| 1999 | 40.03 | 55.19 | 52.00 | 53.60 | + 13.57 | √ |
| 1998 | 52.15 | 54.29 | 50.75 | 52.52 | + 0.37 | √ |
| 1997 | 61.63 | 62.63 | 64.38 | 63.51 | + 1.88 | √ |
| 1996 | 57.66 | 67.42 | 67.20 | 67.31 | + 9.65 | √ |
| 1995 | 55.89 | 64.15 | 64.90 | 64.52 | + 8.63 | √ |
| 1994 | 46.83 | 50.47 | 51.17 | 50.82 | + 3.99 | √ |
| 1993 | 60.36 | 61.81 | 59.12 | 60.46 | + 0.10 | √ |
| 1992 | 60.15 | 64.69 | 63.68 | 64.18 | + 4.13 | √ |
| 1991 | 61.67 | 70.83 | 69.08 | 69.95 | + 8.28 | √ |
| 1990 | 62.57 | 61.03 | 63.51 | 62.27 | − 0.25 | × |
| 1989 | 53.59 | 72.61 | 66.09 | 69.35 | + 15.76 | √ |
| 1988 | 45.27 | 49.37 | 52.73 | 51.05 | + 5.78 | √ |
| 1987 | 49.02 | 52.15 | 55.48 | 53.81 | + 4.79 | √ |
| 1986 | 39.90 | 50.40 | 53.35 | 51.87 | + 11.97 | √ |
| 1985 | 73.50 | 79.85 | 80.00 | 79.92 | + 6.42 | √ |

　　从表 11 - 6 中可以看出，严格遵循上述变化后的交易策略，在 18
年中 17 次盈利，总共可获得收益 1.2330 美元/gal，即每张合约
51786.00 美元（未扣除交易佣金和费用）。上述结果中并未包括 2003
年那种极端恶劣的结果，因为我们前面也看到了 2003 年里季节性趋势
不占据主导地位。

　　每年平均收益（扣除 2003 年）是 7.25 美分/gal。在最后 6 年中，
该策略有两次表现出众。在策略成功的 16 年中，共有 4 次获得的利润超
过 10 美分/gal。除了 2003 年外还有唯一的一年损失了 0.25 美分/gal。
这个策略在 2003 年前连续成功了 12 次，获得了不菲的收益，但由于
2003 年特殊的风险，我们没有在那一年向任何人推荐这种交易策略。

## 11.4　原油

　　原油价格似乎拥有与成品油类似的季节趋势。在过去的 21 年中，

如果在 7 月份购买 10 月份期货，有 14 年可以获利，有 3 年无利可图，剩余的 4 年中只有那些足够机智敏捷的交易者才可能获利。这 4 年通常认为是洗盘阶段，除非能够准确判断出高点和低点，一般人很难获利。然而，就算在这 4 年中，原油的价格从 7 月初开始仍然表现出一定的趋势。

基于以上情况，买方的做法很简单。7 月初买入后，从 8 月初到期货到期日之前，只要有利润就落袋为安。这个策略给出了买入的时机，但卖出时机则需要随机应变，相关的价格信息见表 11 - 7。

**表 11 - 7　NYMEX10 月份原油期货价格**　　　　单位：美分/gal

| 年　份 | 7 月 1 日 | 7 月 8 日 | 7 月 15 日 | 8 月 1 日 | 8 月 15 日 | 9 月 1 日 | 9 月 15 日 |
|---|---|---|---|---|---|---|---|
| 2003 | 29.45 | 29.41 | 30.50 | 31.95 | 30.99 | 29.41 | 28.14 |
| 2002 | 26.48 | 25.87 | 26.70 | 26.06 | 28.38 | 27.79 | 29.67 |
| 2001 | 25.81 | 26.87 | 25.91 | 26.13 | 26.74 | 27.20 | 28.81 |
| 2000 | 30.20 | 30.28 | 31.40 | 27.58 | 30.96 | 33.38 | 35.92 |
| 1999 | 19.28 | 19.76 | 20.44 | 20.53 | 21.52 | 21.99 | 24.13 |
| 1998 | 15.18 | 13.85 | 14.87 | 14.50 | 13.35 | 13.73 | 14.57 |
| 1997 | 20.09 | 19.88 | 19.83 | 20.31 | 20.26 | 19.65 | 19.61 |
| 1996 | 19.86 | 19.79 | 21.06 | 20.48 | 21.40 | 22.25 | 23.19 |
| 1995 | 16.95 | 16.86 | 16.98 | 17.45 | 17.23 | 18.04 | 18.92 |
| 1994 | 18.65 | 18.57 | 19.04 | 20.11 | 18.19 | 17.47 | 16.70 |
| 1993 | 18.97 | 18.30 | 18.12 | 18.25 | 18.30 | 17.97 | 16.86 |
| 1992 | 21.70 | 21.35 | 21.54 | 21.77 | 21.22 | 21.64 | 22.18 |
| 1991 | 20.61 | 20.96 | 21.21 | 21.19 | 21.43 | 22.26 | 21.83 |
| 1990 | 17.94 | 17.90 | 20.33 | 22.10 | 26.36 | 27.32 | 31.76 |
| 1989 | 18.95 | 18.97 | 19.09 | 17.92 | 18.29 | 18.85 | 19.96 |
| 1988 | 15.27 | 15.79 | 15.08 | 16.20 | 15.81 | 15.08 | 14.90 |
| 1987 | 20.08 | 20.32 | 20.99 | 21.03 | 20.29 | 19.63 | 19.70 |
| 1986 | 12.28 | 11.42 | 11.38 | 11.38 | 15.91 | 16.46 | 14.34 |
| 1985 | 25.69 | 25.84 | 25.86 | 26.61 | 27.57 | 28.08 | 27.92 |
| 1984 | 29.90 | 29.80 | 29.39 | 28.38 | 29.36 | 29.23 | 29.28 |
| 1983 | 31.20 | 31.20 | 31.64 | 32.12 | 32.05 | 31.60 | 31.48 |

## 11.5  情绪化的市场

情绪化市场通常在开始阶段是正常的，但最终会完全失去控制。这类市场不遵循任何规则或逻辑，长此以往则会伤害很多市场参与者。情绪化的市场有时候也被称为恐慌、极端狂热、崩溃或者泡沫市场。很多商品期货市场，包括石油和天然气期货市场，都阶段性地呈现出情绪化的状态。此时，无论智愚都会变得惊惶失措，稀里糊涂。

情绪化市场中的交易者通常过度兴奋。当市场正处于泡沫急剧膨胀的过程中时，一般人无法远离市场，并客观地观察市场。这时交易标的物就像"麦卡雷娜"一样在某一天莫名其妙地开始流行，然后在随后的某一天毫无征兆地被抛弃。

17世纪荷兰的郁金香泡沫是一个典型。郁金香在16世纪中期得到西欧人的关注，并于17世纪初期日益流行。1634年，郁金香成为富裕或者品味高雅的人士不可或缺的装点门面之物。很多人拥有全部种类的郁金香。1635年，获取郁金香球茎的渴望在荷兰很快变成了狂热，某些郁金香球茎的价格堪称天价，具体见表11-8。

表11-8  一颗"总督"郁金香球茎的价格

| 商品名称 | 价　格 | 备　注 |
|---|---|---|
| 2拉小麦 | 448 荷兰盾 | 1拉等于80 bushel（蒲式耳） |
| 4拉黑麦 | 558 | 1荷兰盾等于2先令 |
| 4头肥牛 | 480 | |
| 8头肥猪 | 240 | |
| 12只肥羊 | 120 | |
| 2角葡萄酒 | 70 | 1角相当于63～140gal |
| 4桶啤酒 | 32 | 相当于5376杯［12oz（盎司）一杯］ |
| 2桶黄油 | 192 | 1桶相当于252gal |
| 1000lb 奶酪 | 120 | |
| 1张床 | 100 | |
| 1套衣服 | 80 | |
| 1只银酒杯 | 60 | |
| 合计 | 2500 荷兰盾 | 仅可交换到一个"总督"郁金香球茎 |

我们试图将上面的东西形象地展示出来。4 桶啤酒等同于 5376
杯，12oz 一杯。每天喝 15 杯的话，可以喝将近一年。虽然那时候的人
们在进餐时喝的饮料全部含酒精，如加水的啤酒或者葡萄酒，而且很
年轻就开始饮酒，但疯狂的郁金香狂潮并不是由酒精中毒导致的。

类似的金字塔式游戏每隔 10～15 年就会周期性地出现，并在极短
时间内迅速吸引大量痴迷者。要想避免和其他人一样陷入这种游戏，
至少在最初时就得避免，需要一定的自制力。随着越来越多的旁观者
开始参与这个疯狂的游戏，并且挣到了钱——发了横财，那些控制自
己不参与游戏的人通常会感到很沮丧。幸好，游戏总有结束的一天。
由于愿意参与这些游戏的人数总是有限的，当他们全部加入到这类买
卖郁金香、股票或者宠物石的金字塔式游戏中以后，游戏就无法再进
行下去了。严冬时期买卖取暖油或天然气的情况亦是如此。有几年，
大家疯狂抢购取暖油，却迎来了暖冬。

某些年份的圣诞节期间，一些洋娃娃、活动人偶或者其他类型的
玩具出人意料地变成了每个美国儿童势在必得的礼物。家长们没有预
料到会出现这种情况，连玩具制造商也没有在事前发现蛛丝马迹。只
有上帝才知道孩子们为何突然产生了这种共同的急切想法。直到这种
趋势在接近尾声时，新闻媒体才开始报道，但孩子们并不怎么看报。
见报后，某些流行玩具继续供不应求，有些则迅速销声匿迹。下意识
地，人们会将此归咎于现代媒体。但是既然成年人在 400 年前会对郁
金香那么痴迷，急于下这样的定论就显得有些浅薄。

心情戒指、黑灯、卷心菜娃娃、木底鞋、忍者神龟、恐龙站队、
逗笑玩偶以及小巧的豆豆娃都曾是孩子们的必备玩具。

能引起人们狂热情绪的新生事物是无法压制的。这种东西自发出
现，并且迅速蔓延，尔后又突然消逝。

在美国内战爆发前的 10 年内，男人们几乎都不蓄须，因此很难根

据战前几年的画像认出罗伯特 E. 李（Robert E. Lee）将军或者斯通沃尔·杰克逊（Stonewall Jackson）将军，这不仅是因为艰辛的战事使他们憔悴，而且是因为他们脸上浓密的胡须从未在以前的图像中出现过。在内战期间，蓄须却开始迅速流行起来。J. E. B. 斯图尔特（J. E. B. Stuart）和詹姆斯·朗斯特里特（James Longstreet）都留着络腮胡子。如果用计算机将他们画像中的胡子去掉，然后找 10 名研究他们的专家来辨认，一定很有趣。

市场中也会出现类似的情形。在第一次海湾战争期间，每个人都在诵读这句咒语："战争一旦打响，万事就已注定"，认为每桶原油会涨到 50 美元。在战争爆发那天晚上的早些时间，伦敦市场的油价确实上涨了 7 美元/bbl，然而，14 个小时之后，纽约市场开盘后，原油价格却下跌了 7 美元/ bbl。一夜之间，在伦敦市场上高位买入的人们损失接近一半。在战争开始之前每个人预期价格会涨到 32 美元/bbl，无人会预测到 50 小时之后 20 美元/bbl 的价格。人们以前对于战争的过度恐慌，超过了战争造成的实际影响。

战争可以带来市场的上涨，但也经常导致市场走熊。之所以会出现牛市或熊市，往往是因为市场有相应的内在需要。任何市场都有自身的波动规律，这正是 W. D. 江恩（W. D. Gann）的观点。江恩可能是历史上最成功的交易员。他在去世前不久，绘制了一份股市在未来 12 个月的走势图。除了几处稍有偏差外，他预测到了所有重要的高点和低点，抓住了所有的中级波段以及主升浪。无数渴求知识的学生一直试图探究江恩为何能够料事如神。

# 12  市场交易格言

美国华尔街不仅是买卖证券的交易场所，而且也是一个有着悠久历史、充满传奇色彩、展示学识智慧的地方。聪明的蛇躲藏在高高的草丛中，伺机行动。在这里，贪婪的猪最终难逃被宰杀的厄运。狡猾的老鳄鱼流出了热泪，诱骗他人放松警惕，而掠夺成性的鲨鱼吞噬着其他的公司和行业。有的猎食者满载而归，趾高气扬，还有大批的动物吓得仓皇逃窜。目光敏锐的雄鹰在风中孤独翱翔，寻找猎物。鸵鸟把头埋进沙堆。驯鹿被突如其来的灯光照得惊呆了。

这个市场里发生的事情都可以从动物的故事中映射出来。如果有的股票或商品的价格没有像其他股票或商品那样上涨，通常被叫做狗。如果有的股票或商品上涨的速度远远超过同类的股票或商品，则被称为领头羊。过去，牧羊人常常从羊群中选出一只出色的公山羊，在其颈部系一个铃铛，其他山羊会习惯地跟随公山羊，这样，牧羊人就可以毫不困难地找到羊群。绵羊也常常跟随山羊群，而市场中的绵羊也总是跟随明星股或商品。

市场中有许多生动的实例和上文提到的动物有相同的表现。不同的交易商使用不同的策略。市场格言也是如此，这些市场规则是几代交易商流传下来的一笔财富。其中一些并没有多大意义，只是用来引诱新手犯错误的。有的则是智慧的结晶，还有些则是某些成功人士泄漏的天机。下面将讨论其中的几条交易格言。

**"落袋为安不会令你破产"或"截断损失，让利润奔跑"**

这两条格言都有道理。然而从市场和交易情况看，第二条更有效，这也是被称为"诚实的艾比"的林肯总统在1864年竞选连任时的口号。"截断损失，让利润奔跑"是一条很明智的交易规则。

有时，商品的价格会出现剧烈的波动，其余很长时间内都不会有多大变化，这样的日子显得无聊又单调。有时价格变动会有固定的幅度，有时却会偏离其开盘价（低开高走或高开低走）。这种情况下，交易商从市场富有节奏的走势中寻求其可预测性并不困难。

然而，这种有节奏的走势并不会持久，出人意料的变化往往出现在最糟糕的时候。曾经有一位食糖交易员获得了操作公司基金的资格，起初干得很漂亮。在开始的几天甚至几周的时间里，他每天都能获得稳定的收益。别人问他原因时，他总是笑笑回答说："没什么，我从不作赔钱的交易"。听起来，他不仅虚张声势，而且还很滑头。但是仔细推敲，他说的也是不折不扣地事实。

市场价格在一定范围内波动时，他在接近最高价位时卖出，而在低价位买进。如果买贵了几美分，他会继续持仓等待价格上涨，每次都是赚钱后才清仓。他始终坚持这个准则，从来没有做过赔钱的交易，只是到后来情况发生了很大的变化。

当然他的这套做法不会永远有效。在食糖以每天下跌 20 个点左右的速度下跌了几周以后，这位交易商卖空了 20t 食糖，然后市场上升了 50 个点。他决定和从前那样继续持仓。等到后来清仓时，食糖一共上涨了 200 个点。结果他亏损的钱比以前赚的 3 倍还多。

人们常说，身经百战的将军虽然经验丰富，战术有效，但是每次战斗对他来说都是一场新的战役。在交易中，多数情况下，这种说法是正确的，尤其是在交易规则频繁变化时。当交易价格从某种波动规律（在箱体内波动）变化到另一种波动规律（按照一定趋势变动）时，交易商需要立即做出相应的变化，以适应市场，这需要比战场上的将军还要迅速。该交易员的错误在于他没有适应市场的变化。

石头、剪子、布的游戏可以阐述其中的道理。一般来讲，布能包住石头，剪子能剪布，而石头能赢剪子。但是，如果裁判在游戏参加人员不知情的情况下改变游戏规则，结果会有很大的不同。不过，由于只有两种可能性，游戏人员很快就能找出裁判的新规则，但前提是：

裁判不能过于频繁地变换游戏的规则。游戏中的错误能够提供信息而且参加游戏者还可以做记录。

市场中的交易商也可以这么做，但是他们必须随着市场走势的变化改变策略，这一点非常重要。如果不太确定，那就等到第二天再作决定。交易的目标就像一场战争，不只是打赢一场战役，而是在整个战争中取胜。如果遭受的损失高出一般水平，就预示着情况要发生变化，这时交易商应该撤出，节省财力资源，另择它日进行交易。

### 适应变化的策略

如果正面交锋的作战方法适用于拿破仑时代，而不适用于罗伯特E.李时代，为什么道格拉斯·黑格还要采用呢？因为战争规则已经变化了（步兵的武器能快速开火，长距离射击精度更高，出现了机枪和装甲部队）。这些变化主要开始于美国内战时期。骑兵被侦察部队或掩护部队取代，对战壕中的敌人进行正面冲锋的战法造成了像玛莉高地大屠杀、皮克特冲锋、斯巴萨维利亚血腥角那样尸横遍野、血流成河的悲惨局面。尽管出现了第一次世界大战中毁灭性的战局，道格拉斯·黑格仍然不愿意接受教训。一战期间，那些没有从美国内战和克里米亚战争中吸取教训的将军导致了数百万人死亡的悲惨局面。为歌颂克里米亚战争中在巴拉克拉瓦对俄军进行自杀式袭击的英国轻骑兵旅而创作的《轻骑兵进击》是一首浪漫诗篇，但它也表达了在面对现代武器的火力时正面的骑兵冲锋所带来的惨痛后果。第一次世界大战的将军们浴血奋战三年后才学会从以往战术失误和自己惨败的经历中接受教训。

但是，他们反省得太迟了。

交易常识也很重要。如果遭受的损失超出一般水平，这可以被视为一种警告，交易商就应该停止使用或重新考虑交易方法。也许交易

规则或者市场趋势已经发生了变化，过多的亏损经常是一种不好的信号。应该把交易资本和人的健康看得同样重要。

如果有人每当参加吃馅饼的比赛就呕吐，他就应该停止参加比赛，可能还需要看医生。有些人每天在标准普尔 500 指数期货上亏钱，但是他们还是不肯退出。

咨询会计师、分析师或者金融专业人士或许会有帮助，但是向经纪人咨询并不是最明智的选择，尤其是咨询那个最初向自己推荐目前所持头寸的经纪人。经纪人有时容易在情绪上和自己的客户过于接近，过于关注客户的头寸，过于关注客户创造的交易佣金。这并不是说经纪人有意如此，因为经纪人也不愿意看到客户遭受损失。

只要自己推荐的头寸挣了钱，那些经纪人会感到非常骄傲，甚至可能向其他客户推荐同样的头寸。赔钱客户的经纪人的其他客户可能持有相同的亏损头寸。

求助于经纪人的人会发现当他最需要经纪人的建议时，经纪人却表现得异常苦恼困惑。实际上，经纪人本身的处境更加糟糕。他能体会到亏损给客户带来的痛苦，他也会察觉追加保证金对客户的压力，同时还要担心自己失去饭碗。通常，经纪人会用极其沮丧的声音建议客户继续持仓，而自己已经不抱一丝希望。那些尊重经纪人的客户这时如果说一两句鼓励的话，会起到超乎想像的安慰作用。

持有头寸的人出现亏损时，会咨询经纪人是否应该在这个价位继续补仓。如果经纪人不推荐补仓，是指望市场出现反弹。此时，客户本人应该重新认真考虑，弄清此时是否是补仓的好时机。如果不是，或者心存疑虑，就应该清仓。

诸如此类的情况解释了为什么最好通过本身不参与市场交易的经纪人进行交易。这样，如果经纪人推荐的头寸开始亏损，在客户急需他提供建议时，他不会因为自己也蒙受损失而分心。无论如何，如果经纪人的建议适得其反，客户应当能够意识到经纪人承受的压力。

成功的交易员好像都遵守了"截断损失，让利润奔跑"这条规则的推论。现在的市场变化无常，认真研究市场有益于成功地进行交易。将交易员准备承认自己错误的价位设为止损点。一直持有盈利的头寸，并根据当前的市价设置好追踪止损点。

如果你想成为一名交易员或经纪人，面临的最大问题就是压力。临床研究发现，饲养猫和狗是帮助缓解压力的最好方法。另外，就是和某个对价格抱有同样恐惧与希望的人交谈。宠物比经纪人或交易员能提供更好的精神支持，而且它们不会带来最新而又相互矛盾的信息，也不会提及老掉牙的交易理论。这并不是不尊重人，只是经纪人经常需要有人握住他的双手，并给他安慰。但这反过来又进一步给客户本人带来更多的苦恼，因为客户本人已经一筹莫展，更需要经纪人给予自己安慰。

一条经验法则是你的获利目标至少是承担风险的 3 倍。一个人以每加仑 50.00 美分的价格购买了取暖油，并把止损点定在每加仑 49 美分，那他就应该坚信油价至少能涨到每加仑 53 美分。这样，他进行的 4 次交易中如果出现 3 次失误，还能保证不亏不盈。如果他的失误几率降低到 50% 就能赚钱，至少理论上是这样的，但是在现实交易中几乎没人能够实现。尽管现存的交易体系比较完善，仍然要求交易员有耐心。如果紧紧跟随大盘，设置止损点随市场的变动而变动，有时可以意外获得巨额利润。

严格地说，确实没有人会因为落袋为安而破产，但是，作为一条交易规则，它可能造成重大损失，因此，最好有严格的交易纪律，截断损失，积累盈利。

### 低买高卖

这是在华尔街备受青睐的一种说法，它使人联想到另一个故事。刚入学的大学生问大学运动队的教练，学校的足球队能否取得全胜的

战绩。教练毫不迟疑地回答说："是的，如果我们能踢败其他所有球队的话"。这条交易规则听起来不错：低价时买进，高价时卖出。但是，做起来却没有那么简单。怎么才能知道哪是高价位？哪是低价位？

最好的方案常常是紧跟市场的走势。这样，"低买高卖"就应该改变成"高价买入，更高价卖出；低价卖出，更低价位买入。"市场中很多人不理解价值，而过于看重价格。他们有时试图把二者联系在一起，这种结合非常糟糕。在商品市场中，每件东西都有明确的标价，让人一目了然，而其价值却很难确定。

### 不入虎穴，焉得虎子

花一两美元买几张彩票试一试运气，买主的想法就是"不入虎穴，焉得虎子"。当然，买彩票时承担的风险与期货交易涉及的风险截然不同。喜欢买彩票的人可能更愿意从事期权交易。如果愿意，这些人还可以在期权市场发行期权，扮演彩票市场中政府的角色。

这条准则没有考虑到市场存在三种类型的头寸：看多、看空和旁观，自然这条准则也没有认识到旁观是市场中一种正常的状态。如果政府规定在所卖出的彩票一个号码都对不上的情况下还要加收购买者的财产税，同样会看到很多人开始旁观，这也是市场的正常现象。"不入虎穴，焉得虎子"说得很有道理，但它更适用于重量级拳击比赛。

### 顺势而为

这是一条简洁而又能帮你消除疑惑的非常有价值的交易准则。一个人可以花费数年的时间观察市场，细致入微地分析其中的基本规律，而要提出一条更为有用的准则并非易事。市场某种走势维持相对稳定的时间比剧烈波动的时间长，这是令人恐慌的简单事实。因此，紧跟市场走势的人的日子会更好过。

### 总可以找到机会再次建仓

离了婚的夫妻有可能复婚。从这个意义上讲，在市场中也应该能找到重新建仓的机会。这条规则的核心是一种无限的乐观主义，它会使你几个星期的辛苦工作毁于一旦。如果一个旅行者乘飞机从纽约到

洛杉矶，飞机在堪萨斯城稍作停留，难道旅行者会下飞机，然后等待搭乘从圣路易斯到洛杉矶的飞机吗？这不太可能。打算去某地的人会提前制定计划并且按照计划执行下去。

有的交易员在发现大趋势发动之前提前退出来。紧跟市场走势的交易员并不会因为自己已经持仓一段时间而急于撤出，因为他觉得市场趋势会延续，如果退出，可能会错失这段利润，再想重新建仓需要等待市场巨幅回调。以后可以重新建仓是事实，但是这不应该成为退出的理由。若想清仓，应该找到一个贴切的理由。

### 牛能挣钱，熊也能挣钱，猪则会被痛宰

这种模糊的说法听起来不错，但要确定其具体意义并非易事。这也许是劝人不能贪婪的圣言，其实没有多少实用价值。

### 谁都能挣100万，但是能否保住这笔钱就不一定了

这一条规则是从我们日常观察中总结出来的。有些人有勇气和胆识，能赚取一大笔钱。这种人通常不够谨慎稳重，因而保不住这笔财产。而那些能够稳重地保住财产的人往往没有足够的胆识赚大笔的钱。如果这两种人合伙，他们会有足够的胆量把所有的钱亏光，却没有勇气把亏损的钱赚回来。

### 市场的变化幅度会远远超出人们的预测

经过数年的观察才能总结出这个市场规则。赚过大钱的极少数人找到了完全不受这一规律影响的方法，他们不会受到时刻变动的市场的烦扰，也没有陷入市场的情感混乱之中。如果有人能够聪明地在最低点买入，他就应该充分发挥自己的能力在最高点卖出。一个市场之所以被称为熊市或者牛市是因为它对人们造成的威慑力以及它令人难以对付的力量。

### 自己熟悉的行业可以赚到钱，而自己不熟悉的行业却会赔钱

经常会出现这样的情况：自己熟悉的行业可以赚到钱，而自己不熟悉的行业却会赔钱。以前我们问过一位客户，他是如何成功地经营50家加油站的？我们猜测，一定是等到第一家赚钱后又买了第二家，

等到前 15 家赚钱后又买了 10 家。

但是他进行期货交易的方法有些不同。他把赚钱的头寸过早兑换成现金，而只是持有赔钱的头寸。他的家族并不是这样创业的，而且他的做法也不是投机的好办法。从生意中学到的经验也能用到交易中来，其中最重要的一条经验就是不要向赔钱的部门加大投资，而应向成功的项目追加投资。

### 囤积居奇、恐慌和逼空

逼空会导致恐慌，恐慌大多出现在有人试图囤积居奇并逼空行为之时。相关的谣言也会引发恐慌。1979 年，巴克·亨特（Bunker Hunt）几乎垄断了白银市场，但是当其他交易员不能阻止白银价格继续上涨时，空头逼迫纽约商品期货交易所临时修改某项规则。最终结果是，随着银价的下跌，巴克·亨特无法为手中持有的大量白银追加保证金。

逼空几乎从未成功过。这就像在悬崖边上玩斗鸡游戏（开车时，迎面来了一辆车，你不去避让，赌对方会让开，一种冒险的游戏）一样。为了垄断市场，有的人购买了太多头寸，出手时就没那么容易了。不能及时退出的人只能摔到悬崖下面。错过时机后，他们只能不顾尊严，连滚带爬地从交易中脱身。

这些做法延承的是 80～100 年前很多大投机者的做法。大投机商与一群交易者合谋，逐步吸纳某种股票，一旦他们控制了足够的筹码，就开始不断提升报出的买价。他们的钱足够多，最初收集筹码花费的钱只占一半左右。比如说他们共买入了 25000 股股票（在当时这是一个很大的数字），他们会直接让他们的经纪人报出要高价收购 25000 股股票。

由于交易规则禁止将报价单拆开，这样的大单可以用来恐吓那些空头以及诱使其他潜在的买方立即参与买入。在这个过程中，相对于他们已经拥有的股票数量，合谋的联盟不会买入太多的股票。价格持续上升直到既没有卖空者也没有人准备买入的位置。这时候，合谋联

盟开始反手挂出卖出的大单，试图引出新的看空者，并且恐吓此时新出现的看多者。如此往复后，直到再也没有一个看空者，也没有试图重新买入的止损出局的投资者。合谋联盟在最高点拥有了大量的筹码。

当然，出货就比较困难了。在所有人都意识到发生了什么事情之前，联盟的组织者通常都会背着联盟的其他成员悄悄地卖出自己的股票。这种做法不是总能奏效，因为联盟中的小参与者也会密切关注形势的发展以及对于自己财富的影响。逼空和囤积居奇的过程充满了怀疑和贪婪，并常常最终导致这个过程的失败。个人的贪婪通常会导致合谋联盟的贪婪无法得逞。

**冒进单真的不好吗？**

冒进单是指买入的价格高于前一次的市场价格或卖出价低于预期价格。从这个意义上讲，冒进单常出现在市价指令或止损指令中。就我个人而言，开始建仓时，我倒是愿意出现冒进单。越冒进我就越高兴。有些交易商见到冒进单就变得忐忑不安，但是我的交易中只要有冒进单出现，这笔交易最后都会赢利——冒进程度越严重，收益越高。

冒进单怎么会如此受人青睐呢？因为冒进单表明你跟随了大盘的走势。如果某人开出了一张限价买单并在限价之下成交，那么明天很可能会因为市场开始下跌而追加保证金，今天少付的这点钱只是聊胜于无了。如果很容易就能买到，这表明卖方正在放量抛出。重仓押中了市场的主趋势是交易员梦寐以求的美事，但在现实生活中，大单成交往往意味着搭错车了。

当然，平仓时的情况与买入时正好相反。即使如此，如果平仓的价位不理想，交易员可能会认为这是个好兆头。因为整个市场状况可能会进一步恶化，平仓撤出是明智的举措。

建仓初期，优于冒进单的只有部分成交单。如果指令只有部分成交，几乎可以确定这笔交易会赚钱，特别是部分成交这种状态持续时间较长时。这不难理解。按照其确切定义来讲，如果在部分成交后没有什么新情况发生，指令中成交的那部分一定是盈利的，至

少在指令全部成交之前一定如此。如果有人想以 55.00 美分的价格买进 25 张合约，结果只买到了 10 张，这表明暂时没人愿在这个价位卖出其他 15 张合约。如果这种状态能持续 10 分钟，而后价格上涨，那么应该将买单撤掉，然后追高买入。市场未来的走势会比具体的价格更重要。

这并不意味着应该毫不犹豫地去接受场内交易商的开价，或者以更高的价格买入 10 个月后到期的虚值期权。实际上，应该尽可能避免从事这样的交易。至少应该选择那些到期日在两三个月左右的实值期权。此时可以使用限价指令。

直接买入和公开报价的区别很明显。在活跃的市场中，看涨的时候，我们习惯直接从市场买入。报出一个价位，等着天上掉馅饼是不明智的，这样做的结果通常是错过上船的时机。

**进餐或打高尔夫球时不要提及交易，这是在向朋友炫耀**

进行交易的同时不要做其他事情，就像饮酒和开车——二者水火不容。如果你是司机，就更得滴酒不沾了。同样，一边饮酒，一边交易也是不聪明的做法。开车或打高尔夫球的同时也不要交易。交易不会使你的高尔夫球打得更精彩。站在奢华的高尔夫球场发球的同时还用手机打电话吹嘘自己通过交易赚大钱似乎令人羡慕，但是你的高尔夫球却打糟了。对待市场要严肃认真。

**真实价值存在吗？**

有人对市场抱有这样奇怪的看法：每种商品都有其内在的真正价值。那些买入价格正在下跌的产品的人如果抱着这样的看法，那么他应该尽快脱手，以免继续受到这种思想的毒害。

商品市场中每件东西都有价格，但是没有一个具有明确的价值。郁金香球茎的真实价值是多少呢？可以说，它不值 2500 荷兰盾，但是在 1635 年，购买者就心甘情愿地支付这么高的价钱。1990 年 6 月，每桶原油的价格是 15.06 美元，到了 10 月份，已经猛涨到了每桶 41.15 美元。就在这一年，有的人分别在这两个价位购买了 100bbl。

这样做值得吗？很难说，这种问法很危险，寻求答案就更糟糕了。

当然，比较分析很有帮助，因为人们习惯了用价格标识商品，然后把价格阐释为价值。这种做法会妨碍人们的思路，尤其是以此为理由继续持有已经赔钱的头寸，这是不合乎理性的。

### 及时止损

这是一条很好的建议，对长期或短期持仓者都有帮助。

不管在价格还是时间方面，都应该留有一定的余地。如果价格低于自己设想的卖点（或卖空中的回补价位），或者在计划好的时间内，持有的头寸依然亏损，那就应该清仓。有很多折中的办法，交易商可以在某个交易日、某3个交易日甚至一周中的最后时刻作出决定。如果发现市场指数比自己预想的低20个点以上，就应该撤出，等到第二天重新考虑。

采用这种思维方式可以防止出现毁灭性的损失。适应自己制定的价位或时间限度是需要时间的。但是一旦发现其中的规律，在交易中进行实际操作就可以了。

我做经纪人的几年时间里，处理过很多账户。人们赔钱有两个最重要的原因：一个是过度交易，另一个是在损失数额不很大时，不愿意止损撤出。低于止损点时，就变成了一匹跛马。亏损越来越多，但是已经超出了自己能负担的额度，于是交易者继续持有。情况不断恶化，他自己也惶惶不可终日。如果很多交易员处于这种状况，就会导致大量的限价单堆积，必须大幅降价才可能出货。最终，交易员不得不择机售出，而市场却从这个点开始反弹，这对交易员来说真是雪上加霜。

这可以有助于读者了解下一个交易规则。

### 市场总是跟大多数人作对

市场好像总在沿着一个会给大多数人带来最大伤害的趋势变化。这可能就是需要认真研究交易商持仓报告的内容，并以此为依据进行交易的依据。从报告的内容可以看出，何时可以大规模撤出，在哪个

价位价格上涨受阻。

　　不管是处在高价位还是低价位，总会有很多散户持有较少的合约，他们与持有相当大头寸的少数股东抗衡。日复一日，最后，这种不协调的比例会对散户产生不利的影响。

　　随着时间的流逝，交易员会研究或收集适用于自己的交易格言。从以往的失败或成功中吸取经验教训很重要。用日记的形式记录市场的变化情况，记录自己的失败和成功并且定期翻阅，不失为一种有效的方法。